www.ingramcontent.com/pod-product-compliance
Lightning Source LLC
Chambersburg PA
CBHW060803050426
42449CB00008B/1507

سکوت پاریس

نوشته

افسانه جهانفر

عنوان: سکوت پاریس

نویسنده: افسانه جهانفر

طراح جلد: سهند اشرفیان

شابک: ۹۷۸-۱۹۴۲۹۱۲۳۵۴

ناشر: هنر برتر (Supreme Art)، آمریکا

آماده برای نشر توسط آسان نشر

www.ASANASHR.com

نثار شبهای خاموش پدر و مادرم

مجموعه داستان

سکوت پاریس

اینقدر در افکار عجیب و غریب بود که نفهمید چطور مسیر خیابان شانزه لیزه را تا کناره ی رودخانه سن آمده . یک لحظه ایستاد و فکر کرد. از خودش پرسید : با اتوبوس ، قطار، تاکسی یا پیاده؟ خیلی عجیب بود که یادش نمی آمد. اصلا چه فرقی می کرد. از هفته گذشته که رفیق سالهای دورش بعد از سالها با او تماس گرفت و با عجله و شاید به حال فرار از شرایط موجود درونیش لندن را به قصد پاریس ترک کرد مضطرب بود و آرام و قرار نداشت. مخصوصا بعد از مصاحبه مزخرفی که در موزه ویکتوریا و آلبرت لندن داشت.

پله های کنار رودخانه بزرگ و پر آب سن را پائین آمد و در پیاده رو کنار رودخانه شروع به قدم زدن کرد. این روزها

برای مقابله با اضطرابش زیاد راه می رفت. آنقدر که هر روز بعد از یک پیاده روی طولانی سوزش عمیقی را در ساق پاهایش حس می کرد. روی نیمکتی رو به رودخانه نشست. کشتی های توریستی و گردشگری با مسافرانش روی رُودخانه در رفت و آمد بودند. بعضی از مسافران کشتی به آرامی در صندلی هایشان نشسته و محو تماشای مناظر اطرافشان بودند و بعضی روی عرشه کشتیها ایستاده و برای عابران پیاده و کسانی که روی نیمکتها نشسته بودند، دست تکان می دادند. صحنه های مشابه را درسواحل انگلیس هم دیده بود. یک زن و مرد میانسال و دو کودک قدم زنان از کنارش رد شدند و با شور و اشتیاق برای مسافران روی عرشه کشتی با رنگهای زرد و نارنجی دست تکان دادند. نمی توانست بفهمد که چرا این طور ارتباط بین آدمهای روی رودخانه و خشکی باعث شادی دو طرف می شود.

پیرمردی روی نیمکت سمت راستش نشسته بود. کلاه خاکستری رنگی به سر داشت و دست و چانه اش را روی

عصا گذاشته بود و با سری خمیده و نگاهی بی روح به نقطه مقابلش خیره شده بود. باد سردی می وزید. نگاهش از پیرمرد به روی برگهای پائیزی روی زمین چرخید. احساس سرما کرد و دکمه های بارانی کرم رنگش را بست و به آسمان خیره شد. ابرهای سیاه بالای سرش خبر از وقوع باران در ساعتهای آینده را میدادند. در روزهای اخیر، چند انفجار در نواحی مختلف آرامش شهر را به هم زده بود. این روزها پاریس نه شبیه روزهایی بود که خانمهای متمول پاریسی با لباسهای بلند فاخر و کلاههای شیک در باغها و کنار رودخانه قدم می زدند و نه شبیه زمانی که کلاودمونه ، پابلو پیکاسو ، ونگوگ ، همینگوی و سالوادور دالی در کافه های آن می نوشیدند و می خوردند و گپ می زدند. چشمهایش را بست و سعی کرد ناپلئون و معشوقه اش ژوزفین را دست در دست هم در باغ لوکزامبورک مجسم کند و یا نجواهای عاشقانه سیمون دوبوار و ژان پل سارتر را در بین باغی پر از مجسمه ها و فواره ها بشنود. بی شک تصویر باشکوهی بود. به یاد سفر قبلش به پاریس افتاد .

سالها قبل، همراه کسی که به او عشق می ورزید، در خیابان شانزه لیزه دسر توت فرنگی خوردند و عطر مورد علاقه اش را خریده بود. یک قفل کوچک طلایی رنگ را در کنار صدها قفل عشاق در روی پل قفلها بستند و با شادی کودکانه ای به موسیقی نوازندگان دوره گرد کنار پل گوش دادند و با چشمهای گرد و پر از هیجان به دوستت دارمهای روی دیوار معروف پاریس که به بیست و پنج زبان دنیا نوشته شده بود نگاه کردند و لذت بردند. اما امروز پاریس برایش بیشتر شبیه خفقان باقی مانده بعد از فتح زندان باستیل بود . شبها صد بار از این پهلو به آن پهلو می غلتید و کابوسهای تکراری می دید. آنقدر تکراری که در طول روز هم به سراغش می آمدند. وقت قدم زدن موقع خرید و یا هنگامی که پشت میز کوچکش می نشست و بی هدف در فضای مجازی پرسه می زد. هر شب ،خودش را در موزه ای با ستونهای بلند آراسته با انبوهی از تارهای عنکبوت می دید. از پله های موزه که شبیه یک کاخ بزرگ و اسرار آمیز بود بود پائین می آمد و در دالانهای تاریک زیرزمین آن می

۱۱

پیچید. درهای مختلف دو طرف دالان سرد و تاریک را بازوبسنه می کرد اما همه ی اتاقها خالی بودند. آن قدر هراسان در این راهروی متروک و نیمه تاریک می گشت تا خسته می شد و نفس نفس زنان به دنبال راه خروج می گشت و اصلا به یاد نمی آورد که برای چه وارد این فضا شده بود . وقتی کاملا نا امید می شد، به اتاقی با میز بزرگ در وسط می رسید . سه نفر، یک مرد و دو زن با پوستی به سفیدی گچ و چشمانی گود رفته و موهای پریشان در آن طرف میز در رو به رویش نشسته بودند. مرد فریاد زد بنشین . هیکلش مثل کوهی سنگین بر روی صندلی فرسوده ای می افتاد و با صدای مهیب شکستن هم زمان استخوانهایش و پایه های صندلی از خواب می پرید.

انگار همین دیروز بود که دعوت نامه ای برای مصاحبه کاری از موزه به او رسیده بود. کاری که دوست داشت و سالها برایش زحمت کشیده بود . سالها درس خوانده بود و تجربه کاری داشت . حتی بعد از مهاجرت مدتی در یک

موزه کار می کرد. جسته و گریخته کارهای تحقیقی هم انجام داده بود. از دعوت نامه ای که برایش فرستاده بودند دو تا کپی گرفت تا اگر یکی از آنها گم شد دو کپی دیگر داشته باشد. از شب قبل به دقت بلیط قطار، خودکار، نقشه راهنمای شهر، راهنمای قطار داخل شهری ، کلید ، تلفن همراه ، دفترچه و یک تقویم کوچک جیبی را در کیفش قرار داد. کفشش را واکس زد و لباسش را اطو کشید و موهایش را به دقت شانه کرد. دهها بار شرح وظایف کار مورد نظر را خواند. سوالهای مربوط به شغل مورد نظر را از اینترنت در آورد. در مورد موزه ای که دعوت شده بود حسابی مطالعه و تحقیق کرد. تاریخچه ، تاریخ احداث و حتی در مورد سبک معماری جذاب آن هم خواند. چند روز قبل از مصاحبه هم با یک دفتر و قلم و دوربین عکاسی به بخش مورد نظرش رفت. در مورد بعضی از اشیا داخل موزه لیستی تهیه کرد. رو به روی ویترین شیشه ای که یکی از نفیس ترین قالی های دوره صفوی در آن قرار داشت ایستاد و داستان ساخت ، هنر و انتقالش از مبدا را در ذهنش مرور

کرد. همه چیز برای یک مصاحبه خوب برای گرفتن شغل رویاهایش برای یک جهش در زندگی مهیا بود.

قبل از بیرون رفتن لنگه راست کفشش را در دستش گرفت نگاهی به خط خاکستری گوشه جلویی کفش انداخت . برس را روی واکس زد و با دقت خط خاکستری را از روی کفش محو کرد. از در، خانه ، کوچه ، محله ، خیابان و حتی جمعیت داخل ایستگاه قطار گذشت . هر وقت به یکی از ایستگاههای قطار لندن می رسید حرکت مردم را مثل یک فیلم تند شده می دید. هر کس فقط در فکر رسیدن به مقصد بود . عده ای در حال دویدن تا از آخرین قطارجا نمانند . عده ای جلوی مانیتور بزرگ شیشه ای به دنبال ساعات و شماره قطار مورد نظرشان ، نگاه کردن سریع به ساعت ، گاز زدن به ساندویچ ، رها کردن لیوان کاغذی قهوه در سطل آشغال ، صفهای کوتاه و بلند جلوی گیشه خرید بلیط ، خروج از ایستگاه و شنیدن صدای موتور اتوموبیلها و اتوبوسها و وارد شدن به هیاهوی شهر .

وارد موزه که شد ، دعوت نامه اش را از کیف بیرون آورد و بعد روی نیمکت سنگی جا گرفت. فقط نیم ساعت روی نیمکت منتظر ماند . نیم ساعت در مقابل این همه سال مطالعه ، تلاش ، کار و مهاجرت ، برای نزدیک شدن به شغل رویایی اش چیزی نبود. دختر جوانی با بلیز و شلوار سیاه و کارتی بر روی سینه اش که نام و عکسش روی آن قرار داشت به طرفش آمد. اسمش را پرسید و از او خواست که همراهش برود. از پله ها به سمت زیرمین و بعد از چند در گذشتند و وارد راهرویی با چراغهای مهتابی در روی سقف و درهایی در دو طرف شدند . صدای ضربان قلبش را می شنید. با خود گفت: معرفی خودم ، پنج دقیقه سخنرانی دوستانه و کوتاه و البته آکادمیک در مورد پارچه نفیسی با طرح بته جقه ، صحبت در مورد نمایشگاهی که هفته گذشته برگزار شده بود ، جلسه پرسش و پاسخ و در آخر تشکر و قدردانی از وقتی که در اختیارش می گذاشتند و دست دادن با هیئت داوران و خارج شدن از موزه و جواز

ورود و شروع به کار مورد علاقه اش با یک نامه الکترونیکی .
همین و تمام.

دو دستش روی پاهایش با سری به جلو روی صندلی آبی
رنگی نشسته بود . در اتاق سمت چپش که باز شد مردی با
هیکلی درشت و با کت و شلوار و کراوات از آن بیرون آمد و
دستش را به سویش دراز کرد . به آهستگی و به احترام مرد
از جایش بلند شد.......... من تیم استنلی هستم و با اشاره
دست او را به اتاقی با میزی در وسط هدایت کرد . زنی با
موهای مجعد مشکی در سمت راست و زنی دیگر با موهای
بلوند صاف در طرف دیگر میز نشسته بودند . قبل از هر چیز
باید مختصری از خودش می گفت . قبلا جولی دوستش به
او گفته بود که برای گرفتن کارباید خودت را به کارفرما
بفروشی.

با تعجب پرسیده بود: خودم را بفروشم؟ منظورت چیه؟

نه ، نه ، این فروش با آن فروش فرق می کنه . این اصطلاحی است که در انگلستان برای مصاحبه های کاری استفاده میشه.

روی یک صفحه مقوایی بزرگ چند عکس از یک لباس نفیس ابریشمی ، نقاشی یک شازده صفوی با کلاه و لباس بلند که انگارتصویرش را در حالت پشتک زدن ثبت کرده بودند و عکس چند تا سکه قدیمی قرار داشت . از زمانی که شروع به حرف زدن کرد تا زمانی که ناگهان ساکت شد هیچ چیز به خاطر نداشت. انگار یک نوار کوچک در مغزش جاسازی شده بود و با چرخش نوار کوچک، دهانش بازو بسته می شد . با انگشت دستش اشاره به سروهای حاشیه عکس لباس قدیمی انداخت . سرو یکی از طرحهای معروف ایرانی . مثل سروی که گوشه حیاط خانه مادربزرگ بود . مثل روزهایی که زیر سایه سرو می نشستند و چای و هندوانه خنک می خوردند . تنه درخت را می کندند و با یک وسیله تیز اسم خودشان و کسی که دوست داشتند را

روی آن حک می کردند. مثل وقتی که در کودکی سرش را روی پاهای مادربزرگ می گذاشت و به قصه هایش گوش می کرد.

سرش روی پای مادربزرگ بود و نرمی چادر گلدارش را روی گردنش حس می کرد . برگهای سبز روی شاخه های درخت را می دید و آسمان آبی و ابرهایی که به صورت تکه های پراکنده سفید بر روی آسمان سرگردان بودند.

مادربزرگ دستی روی سرش کشید و گفت: از دعوا و غرولند پدرو مادرت دلخور نشو . نباید تنه درخت را اینطور زخمی می کردی . نباید شاخه درخت را می شکستی . بعد برای آرام کردنش شروع می کرد به تعریف داستانش .

یکی بود یکی نبود. مردمی بودند که در سرزمینی زیبا زندگی می کردند. همه چیز داشتند. آسمان آبی و صاف ، دلهای مهربان ، و خاک و آب رودهای زلالی که در آن گندم بکارند . با گندم نان می پختند و عطر نان هر روز در خانه ها می پیچید . وقتی زمین ها تب می کردند رودها خشک

می شدند آب ها بخارو لا به لای غبار غیب می شدند. اما دوباره باران می بارید و رودها پر آب می شدند. برای همین مردم یاد گرفته بودند که برای باران جشن بگیرند و قدر سروهای همیشه سبز را بدانند . سروها دست به دست از نسلی به نسل دیگر می چرخیدند و تنومندتر می شدند . مردم از زیر سایه درختان به تکه های رقصان ابرهای سفید چشم می دوختند. با شاخ و برگشان درد و دل می کردند. پارچه های رنگی کوچک را به شاخه ها می بستند و از درخت می خواستند که آرزوهایشان را برآورده کند و وقتی به آرزوهایشان می رسیدند دور درختان حلقه می زدند و جشن می گرفتند. سرو به آنها امنیت و آرامش می داد. پس نشان غرور و آزادی بود. مادربزرگ دستی به پیشانی بلندش می کشید و ادامه می داد.

دو تا از این درختان در جایی از این سرزمین بودند که به آن خراسان می گفتند. دو سرو بلند تنومند و نزدیک به هم که مثل دو برادر بودند با عمری هزار برابرطولانی تر از شب

یلدا. خلیفه احترام به درخت را نشانه شرک می دانست .
پس برای عبرت مردم دستور داد یکی از درختها را قطع
کنند و شاخه هایش را تکه تکه کرده و بسوزانند . بعد از
چندی خلیفه مرد . مردم گفتند خلیفه از نفرین مردم مرد
و بعضی گفتند کشته شد . سروی که ماند غمگین شد و
مردم آن سرزمین غمگین تر. سرو از غصه سرش خم شد و
مردم غمگین از ظلم سروی خمیده را به جای سرو افراشته
بر روی قالی پارچه و تنگهای فلزی ترسیم کردند و نامش را
بته جقه نهادند. مثل طرح روی سفره ترمه هفت سین مادر
، مثل قالیچه ای که پدر از سیستان خریده بود ، مثل
سربند نقره ای گلین باجی همسایه دیوار به دیوارشان ، مثل
گوشواره های طلایی عمه عفت و مثل سفره قلمکاری که
در آخرین سفرش به ایران خریده بود.

با دستش طرحهای بته جقه را روی پارچه ابریشمی نشان
داد و با دست دیگرش کاغذ سفیدی با چند بیت شعر را از
زن مو بلوند رو به رویش گرفت و قبل از اینکه حرفی بزند

زن گفت: لطفا در دو دقیقه توضیح بدهید که این شعر از کدام شاعر است و معنی شعر را به انگلیسی ترجمه و تفسیر کنید.

با نگاه به بیت اول سرش را بالا گرفت و رو به سه نفری که در مقابلش نشسته بودند گفت: این شعر از حافظ است. مرد گفت: اسم حافظ در شعر هست و نگاهش مثل پلیسی بود که بعد از سالها تعقیب و گریز موفق به دستگیری مجرمی شده . از این حرف مرد جا خورد چون هنوز شعر را کامل نخوانده بود با نگاهی به بیت آخر اسم حافظ را دید . کمی دلگیر شد و فهمید اینجا جای او نیست . هنوز کاغذ در دستش بود . دوباره نگاهش روی بیت آخر لغزید........خموش حافظ و از جور یار ناله مکن.

دلش می خواست تمام شعرهایی که نام حافظ را یدک می کشند را برای سه نفر مقابلش بخواند. دلش می خواست سیگارش را از کیفش در بیاورد و دودش را با تمام نیرو توی صورت مرد خپل با عینک دور طلایی سرازیر کند. کسی که

فقط با چند سال مطالعه روی چند شئی عاجی قجری و دانستن الفبای فارسی ادعا داشت که تمام تاریخ و هنر و ادبیات ایران را می شناسد. دلش می خواست به اندازه یک دنیا به زن مو بلوند رو به رویش که از او خواسته بود شعر حافظ را در دو دقیقه ترجمه و تفسیر کند بخنده . فقط دو دقیقه........

انگار تصویر مینیاتوری حافظ با ریش و موی بلند از روی جلد کتاب قدیمی اش به او نگاه می کرد. انگار شهریار با چشمهای خسته و کلاه کاموایی به سرش زیر لب زمزمه می کرد:

بیا از دادخواهی آن دل نازک نرنجانم

چشمهایش روی عکس نقشهای قالی که بر روی میز قرار داشت چرخید. دوباره نوار کوچک توی مغزش به چرخش در آمد. قالی با طرح اسلیمی با رنگهای قرمز و نقش گیاهان و جانوران در هم پیچیده مربوط به قرن شانزده میلادی یا دوران شاه عباس صفوی که دستور قتل پسرانش را صادر

۲۲

کرده بود. زبانش می چرخید اما دیگر صدای خودش را نمی
شنید.

با صدای شیپور کشتی سفید رنگ کوچک که از سمت
راست رود به سمت چپ در حال حرکت بود به خودش آمد
. پیرمردی که در نیمکت سمت راستش نشسته بود حالا
خوابیده بود و یا شاید خودش را به خواب زده بود. لبه کلاه
خاکستریش به جلوی صورتش لغزیده بود و نصفی از
صورتش را پوشانده بود.

باد سردی می وزید و لرزی کوتاه در جانش افتاد. وقتی از
روی نیمکت بلند شد حس آدمی را داشت که روزها روی
نیمکت نشسته. حس کرد استخوانهای کمرش خشک شده
و یخ زده . به آرامی از پله های کنار رودخانه بالا رفت. کنار
نرده های بالای رودخانه ایستاد و رود پر آب سن و کشتی
ها و آدمها را یک بار دیگر نگاه کرد. در سالهای اخیر به هر
جا که می رفت این فکر به سرش می زد که برای بار آخر
این فضا را می بیند و دیگر هرگز به آنجا بر نخواهد گشت.

انگار کشف موهای سفید روی سرش هر بار، کوتاهی عمر را به او یاد آوری می کرد. به ساعتش نگاه کرد. قرار بود دوستش حبیب را در رستورانی ملاقات بکند و با هم شام بخورند. حداقل دو ساعت تا زمانی که قرار داشتند وقت بود. تصمیم گرفت کمی در شهر و اطراف سن قدم بزند. از خیابان پر جمعیتی گذشت.

ساعت از دو بعد از ظهر گذشته بود. وقتی به رستوران رسید از بیرون نگاهی به داخل رستوران کرد. شیشه های جلویی رستوران با یک رشته چراغهای کوچک بنفش تزئین شده بود . چند قدم آنطرف تر، مرد گدایی با یک دست قطع شده نشسته بود و کلاه کهنه ای را جلویش قرار داده بود و مردم پول خردهایشان را در آن می ریختند.

حبیب را از سالها پیش می شناخت. همیشه عقیده داشت که دوست مثل گل است. بعضی گلها فصلی اند با رنگهای شاد و سر زنده اما عمر بودنشان کوتاهست. گاهی به خودت می آیی و می بینی کلی با آنها درد دل کردی و حتی راز

دلت را گفتی و بعد ناگهان در شلوغی دنیا گم می شوند. بعضی مثل گل رز هستند که با آفتاب و گرما و روشنایی می آیند اما درزمستان زندگی نیستند و بعضی مثل کاکتوس در بیابان سوزناک و خشک و بی آب و علف، مثل نشانی از زندگی اند و حبیب مثل کاکتوس بود.

دوباره از پشت شیشه رستوران به داخل نگاه کرد. حبیب نادری روی یک میز کوچولوی دو نفره نشسته بود. بیشتر موهای سر و پیشانی اش ریخته بود و یک پیراهن چهارخانه آبی به تن داشت. از زمان دانشجویی شوخ طبع بود و با آن قد درازش خیلی خوب بسکتبال بازی می کرد. اهل خر خوانی نبود ولی تاریخ و هنر را خیلی خوب می فهمید. وقتی دانشجوی ترم دوم بودند یک کار تحقیقی دانشجویی در مورد گیل گمش انجام داده بود و سر کلاس آنقدر خوب حرف زده بود که تا انتهای صحبتهایش، صدا از هیچ دانشجویی در نیامد. بعد از آن، بچه ها او را حبیب گیل گمش صدا می کردند و خودش هم می خندید . هنوز

بعضی از جملاتی که در کلاس از دهانش بیرون آمده بود را به خاطر داشت.........گیل گمش در جستجوی راز حیات جاودان در رویاهایش، از آبهای مرگ و دروازه ظلمات می گذرد و به باغ خدایان می رسد.........انکیدو یار و همراه و همزاد گیل گمش است. گیل گمش در مرگ انکیدو، زاری می کند و دستور می دهد تندیسی از او بسازند.

حبیب ساده و بی ریا بود و همه چیز را آن طوری که بود تعریف می کرد مثلا وقتی چند سال بعد از مهاجرتش به ایران برگشت خیلی راحت به همه گفت بود که نتوانسته در غربت، کار مورد علاقه اش را پیدا کند و در یک کارگاه کوچک کارت پستال سازی کار می کند. همیشه با صداقتش همه را شگفت زده می کرد. در سالهای مهاجرتش چند وقتی در محوطه پالمیرا با خالد اسد کار می کرد. شاید تنها زمانی که صدایش از پشت تلفن می لرزید ، همان زمانی بود که داعش سر خالد اسد را از تنش جدا کرده

بودند . صدایش می لرزید و می گفت کی فکر می کرد عاقبتش این بشه ؟

می گفت هنوز دستهایش جلوی چشمانم هست که چطور خاک را کنار می زد و زیر آفتاب ساعتها با بقیه کار می کرد و تنها وقتی از ته دل می خندید که گوشه ای از یک تکه سفال ، مجسمه ، تیشه ، ظرف شکسته و یا دیوار فرو ریخته را از دل خاک بیرون بکشد.

در شیشه ای رستوران را که باز کرد ، صدای زنگ بالای در، در فضا پیچید . انگار حبیب حس کرد که این صدای پای رفیق قدیمی اش است. وقتی سرش را با صدای زنگ بالا گرفت، هم کلاسی قدیمی اش حامد را با بارانی کرم رنگ شناخت. چند قدم به سمت دوستش رفت و با او دست داد. نگاهی به سرتا پای دوستش و صورت اصلاح نشده و چروکهای دور چشمش انداخت.

باورشان نمی شد که بعد از سالها دوباره همدیگر را ببینند. حالا زمان زیادی از سالهایی که ته کلاس می نشستند و

حتی به ترک دیوار می خندیدند و از دکه نزدیک دانشگاه پیراشکی و نوشابه می خریدند گذشته بود و در رستوران کوچکی در پاریس مقابل هم نشسته بودند و حرف می زدند. از دیدن حبیب خیلی خوشحال و هیجان زده بود و انگار می خواست با دستش قطار زمان را متوقف کند . وقتی به خودشان آمدند ، کلی از گذشته و حال حرف زده بودند و ته مانده غذا و نوشیدنی در بشقابها و لیوانهای روی میز مقابلشان چیده شده بود.

حبیب با شوخ طبعی مخصوص خودش پرسید: خب پس از تو خواستند فقط در دو دقیقه از شعر حافظ صحبت کنی؟ دیگه چی پرسیدند؟

حامد گفت: مثلا پرسیدند انتخاب نام خاورمیانه برای بخش ایرانی در موزه مناسب است یا نه؟ و من که از بحث قبلی دلگیر بودم و حوصله بحث نداشتم گفتم بله. بعد آخرین جرعه لیوانش را نوشید و گفت: یادت میاد اولین باری که رفتیم موزه بریتیش چقدر دنبال اسم ایران گشتیم؟

حبیب خندید و گفت: آره. تمام مدت فکر می کردم که چطور اسم آفریقا، مصر، یونان و روم......هست و اسم ایران نیست . ولی چون در دهه های اخیر، اسم خاورمیانه با جنگ و بمب و این چیزها قاطی شده...........در رستوران محکم به هم خورد و صدای زنگ بالای در به شدت در فضا پخش شد . پیرمردی فرانسوی وارد شد . یکی از پیش خدمتها به جلو رفت و کت بلند مرد را از دستش گرفت و او را به طرف میز کوچکی هدایت کرد.

حبیب گفت: خب بعد؟

حامد گفت: تنها سوال جالبشان این بود که از من خواستند هنر قرن نوزدهم ایران را با هنر امروز مقایسه کنم.

حبیب با لبخند پرسید: در دو دقیقه؟

حامد پوزخندی زد و گفت: مردیکه از من پرسید هنر اسلامی را شرح بده و وقتی من شروع کردم به توضیح آن که مثلا، معماری گنبدی مساجد بعد از اسلام در واقع ادامه

هنر معماری ساسانی و نمونه هایی مثل کاخ فیروز آباد است..........

حبیب با هیجان گفت: خب؟

حامد گفت: او هم مثل تو وسط حرفم پرید و گفت: از نظر من هر گونه آثار و اشیائی که یک کلمه عربی روی آن باشد هنر اسلامی محسوب می شود.

حبیب با خنده گفت: پس با این حساب ، اگر روی تنبان سکینه هم یک کلمه عربی نوشته شود آن را تبدیل به هنر اسلامی میکند؟ خب با این وصف ،همه میشوند هنرشناس . راستی شما که در بریتانیا شاعر دوره گرد دارید ، خب تو هم بشو باستان شناس دوره گرد .

حامد گفت: تو هم وقت کردی ما را مسخره کن .

صدای خنده های دو دوست ، تا اواخر غروب آن روز در رستوران کوچک پاریسی پیچیده بود. درست مثل روزهایی که حتی به ترک دیوار هم می خندیدند. دو روز بعد هم به

قول خودشان در خیابانها و کوچه پس کوچه های پاریس پرسه می زدند.

در راه برگشت به فرودگاه حبیب هم همراهش بود و در جواب تعارفهای دوستش گفت: بالاخره باید به تو نشان بدهم که اگر پیشواز را ، البته ......تکرار کرد البته به دلیل مشغله بلد نیستم ولی بدرقه کردن را خوب بلدم .

موقع خداحافظی از دوستش هم ، در حالیکه با حامد دست می داد گفت: غمگین است که من و تو، سر جای خودمان نیستیم و مجبوریم کاری مغایر با علاقه مان انجام دهیم هر چند شرافتمندانه اما مهم این است که به اندازه کافی بدانیم و بفهمیم . بعد در حالی که با دست راستش ، دست حامد را گرفته بود ، دست چپش را کنار صورتش گرفت و در حالی که انگشت اشاره اش را در هوا تکان می داد گفت: و این جمله را از حبیب گیل گمش به خاطر داشته باش که:

گیل گمش ، آن که از هر سختی شادتر می شود.

یک ساعت بعد وقتی حامد از دوستش جدا شد و روی صندلی فرودگاه منتظر سوار شدن به هواپیما بود ، تلفن همراهش را از جیب بیرون آورد و نگاهی به صفحه آن کرد. عدد قرمز یک روی نماد ایمیل که شبیه یک پاکت نامه کوچک بود را دید. ایمیل را باز کرد که نوشته شده بود:

حامد گرامی

از علاقه و حظور شما در مصاحبه هفته گذشته تشکر می کنم . متاسفم از این که خبر بدهم شما در این مصاحبه موفق نبودید. امیدوارم در مراحل بعدی موفق باشید.

ارادتمند

تیم استنلی

مبایل را جیبش گذاشت. چیزی بیشتر از این انتظار نداشت. چند لحظه فکر کرد و بعد تصمیم گرفت بر خلاف رسم متداول جواب ایمیل را بدهد. در جواب نوشت:

آقای استنلی گرامی

ممنون از وقتی که برای مصاحبه با من اختصاص داده بودید. ضمنا به دلیل علاقه شما به اشعار حافظ دو شعر از این شاعر گرانقدر را برایتان می فرستم.

حافظ از مادر گیتی به چه طالع زاده است؟
اندر این دامگه حادثه چون افتاده است؟

سفر مپسند هرگز شهریار از مکتب حافظ که
سیر معنوی اینجا و کنج خانقاه اینجا

با احترام

حامد

بعد ایمیل را فرستاد و در حالی که تلفن همراهش را در جیبش می گذاشت با خودش گفت: امکان ندارد به این زودی بفهمد که شعر اول از فریدون مشیری و شعر دوم از شهریار است.

ساز دلتنگی

از دو روز قبل که مدیر مدرسه طبری با او تماس گرفته بود و از او خواسته بود برای بازدید از یک خانه قدیمی برود فکر میکرد چقدر این عمارت با آن چیزی که در ذهنش تصور می کرده شباهت دارد؟ قرار بود صبح روز هفده مرداد به مدرسه برود . هیجان زده بود. هیجانی با حس دلتنگی و شاید یک دنیا سوال در ذهنش . قرار بود مدیر مدرسه را در حیاط همان بنای قدیمی ملاقات کند. ساعت یازده صبح بود که مهندس پژمان پاریزی به عمارت بزرگ رسید. وقتی از در چوبی بزرگ عمارت رد شد ،اولین چیزی که با ورودش به چشم خورد ، حوض بزرگ خشک با کاشیهای آبی ترک برداشته بود. چشمش به مردی افتاد که یک لنگه کفشش در دستش بود و سعی میکرد شنهای داخلش را

۳۶

خالی کند. با دیدن مهندس سریع کفشش را پوشید و سلام بلند بالایی کرد.

خیلی خوش آمدید آقای مهندس . یادم هست که گفته بودید امروز بیشتر از چند ساعت وقت ندارید، برای همین میرم سر اصل مطلب . حقیقتش این خانه متعلق به خاندان مستوفی بود و چند سالی میشود که بین اداره فرهنگ و آموزش و پرورش این منطقه بر سر تصاحب این عمارت کشمکش است و فعلا قرار است که از آن به عنوان مدرسه استفاده شود. سقف یکی از کلاسهای مدرسه قدیمی فرو ریخته و در چند ماه اخیر، کلاس چهارم در گوشه ای از حیاط مدرسه تشکیل میشد و به شدت نیاز به فضای آموزشی داریم. مهندس پاریزی وسط حرفش دوید و گفت: بله . قبلا یک چیزهایی در مورد این عمارت شنیدم . با اسم مستوفی با همه وجودش آشنا بود.

ابراهیم خان مستوفی ثروتمندترین مرد این منطقه بود و زمانی برو و بیایی داشت. سه تا زن داشت و از هر زن چند

تا پسر و دختر. همه در این خانه بزرگ که به شکل چهار ایوانی بود زندگی می کردند. عمارتی با بیست و هفت اتاق و سالن ها و مطبخ . اتاقهای نوکرها و کلفتها در بخش ورودی سمت چپ عمارت بود . حوض بزرگی در وسط حیاط و چند تا تخت چوبی کنارش که با قالیچه های بیجار با طرحهای لوزی و رنگهای قهوه ای و آجری تزیین شده بود. هیچوقت قبل از این خانه را ندیده بود اما بارها در مورد تمام جزییات خانه شنیده بود. اول به صورت قصه طوری که باور نمی کرد این خانه و آدمهایش حقیقت داشته باشند. یکی از خدمتکارها طلعت بود. دختری با چشمهای فیروزه ای و پوستی آفتاب سوخته که با پدرش در خانه ابراهیم خان زندگی و خدمت می کردند. انگار این پدر و دختر اصل و نصبی نداشتند. پدرش همیشه یک شلوار و جلیقه مشکی می پوشید. تابستانها پیراهن سفیدی زیر جلیقه اش داشت و زمستانها از زیر همین پیراهن سفید یک پلیور کاموایی دست بافت سرمه ای نمایان بود. پلیور کهنه ای که یادگار زنش بود. گاهی خدمتکاران در مورد این پدر و دختر پچ پچ

می کردند. یکی می گفت از قفقاز مهاجرت کردند و آن یکی می گفت از ارمنستان . یکی می گفت پدر نوازنده دوره گرد بود و دیگری او را تاجری ورشکسته می دانست. آنقدر کم حرف بودند که زندگی کوچکشان برای بقیه مثل یک راز بود. این همه چیزی بود که آدمهای آن خانه از این پدر و دختر می دانستند و البته یک ساز چوبی قدیمی هم بود که بعضی از شبها به صدا در می آمد.

غیر از این ، همه داستانها مربوط به ابراهیم خان و زن ها و بچه هایش می شد و فرصتی برای داستان زندگی بقیه نبود. اصلا چه اهمیتی داشت. همه خدمتکارها باید از صبح تا شب برای حاضر کردن ناشتایی ، نهار، عصرانه ، شام ، نظافت و سایر امور خانه سخت کار می کردند.

مهندس پاریزی چرخی در حیاط زد، بعد سرش را به سمت بالا چرخاند. بالکن بزرگی در طبقه بالا و رو به روی در ورودی حیاط به چشم می خورد که ستونهای چوبی ضخیم و بلندی داشت. همان بالکنی که یک زمانی تخت ابراهیم

خان را در آن قرار داده بودند. تختی چوبی بزرگ که دور تا دورش با پشتی هایی با روکشی از جنس پته کرمان پوشیده شده بود. ابراهیم خان را با سبیل از بناگوش در رفته و شکم جلو آمده و غبغب تصور کرد که از بالکن عمارت در حال نظاره کردن زنها و بچه ها و خدمه است. زنهای خان را تصور کرد که به هم کنایه می زنند و چشم غره میروند و زن بزرگ خان که زنهای کوچک را آدم حساب نمی کند. خان زاده های کوچک و بزرگ با کلاه پهلوی و کت و شلوار و پیراهنهای کوتاه پفی و چارقدهای پولک دوزی شده موقع عید و مهمانی . شبهای چهارشنبه سوری و صبح عید و برو بیای وقت مهمانی ، عید قربان و قدیر و تصور اینکه وقتی شازده ها قد کشیدند چطور هیجان و اضطراب و شور جوانی را در همین اتاقهای تو در تو با پنجره های بلند و شیشه های رنگی و زیر همین سقف بلند گذراندند. جوانهای فرنگ رفته را در مهمانی ها تصور کرد که لا به لای حرفهایشان کلمات فرانسه می پراندند و گاهی که دمی به خمره میزدند اشعار لورکا را زمزمه می کردند یا از سینما و فیلمهای

جدید با ذوق حرف می زدند. یا آنهایی که حتی سواد خواندن و نوشتن نداشتند و جز خوردن و خوابیدن و شکار حیوانهای بدبخت و نیشگون گرفتن کپل کلفتهای جوان هنر دیگری نداشتند.

مهندس پاریزی آهسته به سمت چپ در ورودی حیاط رفت. وارد اتاق بزرگی شد. دیوارهای اتاق پر از طاقچه های کوچک و بزرگ بود. چند تا ظرف سفالی و چینی شکسته روی طاقچه ها به چشم می خورد. اینجا همان آشپزخانه ای بود که بوی عرق حاصل از خستگی خدمه با عطر غذاهای خوشبو خوش مزه عوض میشد و اتاق کناری که یعقوب و دخترش طلعت در آن زندگی می کردند و طاقچه هایی که شاهنامه ، مثنوی ، بوستان و گلستان ، تاریخ بیهقی ، طبری و کتاب اشعار خیام را روی آنها چیده بودند و ساز پدر طلعت که در بین دو طاق با سقف هلالی با دو میخ بزرگ روی آن آویزان شده بود.

اتاقی که طلعت در آن با پدرش گفت و خندید   به
شعرهای پدر و سازش گوش کرد برای مادرش دعا خواند .
در همین اتاق فکر کرد ، تب کرد ، خوابید ، رویا بافت ،
تخیل کرد ، امیدوار و بعد نا امید شد ، از پدرش خواندن و
نوشتن آموخت ، بیمار شد ، به بخت سیاهش اشک ریخت.
در همین اتاق مادر شد و در همین اتاق از دنیا رفت.

آقای مدیر در حالی که تسبیح عقیق را در دستش می
چرخاند قدمی جلو گذاشت و پرسید: فکر می کنید این
ساختمان به اندازه کافی استحکام دارد که بتوانیم از آن به
عنوان مدرسه استفاده کنیم؟ فکر می کنید بشود برای سال
تحصیلی جدید شاگردهای مدرسه را به اینجا بیاوریم؟

بله ساختمان محکمی به نظر می رسد. من یک چرخی در
همه اتاقها و طبقه بالا بزنم . برای بررسی دقیق و گزارش
وضعیت ساختمان و برآورد هزینه تقریبی مرمت و آماده
سازی ساختمان نیاز به حداقل چند روز وقت دارم . حتما
گزارش دقیق را تا آخر این هفته میارم خدمت شما. بعد با

آقای مدیر دست داد و سعی کرد دست به سرش کند. دلش می خواست خودش تنها باشد و در تنهایی و سکوت مطلق همه خاطرات و زندگی طلعت و خانواده اش را در فضایی که او در آن نفس کشیده بود مجسم کند.

ماشین آقای مدیر که با گرد و خاک از عمارت دور شد، نفس راحتی کشید و دوباره به خانه قدیمی برگشت. از پله های پیچ در پیچ عمارت بالا رفت. چرخی در اتاقها زد و از بالای عمارت به حیاط چشم دوخت. سعی کرد خودش را به جای ابراهیم خان بگذارد. آیا اگر همین حالا او را از قبرش درمی آوردند و عمر دوباره به او ببخشند ، می تواند از زنان جوان و زیبا به راحتی بگذرد یا ثروتش را بین مردم گرسنه تقسیم کند ؟ می توانست فقط به داشتن یک زن قانع شود؟ حرف زور نزند؟ نوکرها را به فلک نبندد؟ جواب این سوالها را نمی دانست. اما بسیاری عقیده دارند که بعضی از آدمها اگر ده بار هم به دنیا بیایند و بمیرند، باز هم همان زندگی قبلی شان را تکرار می کنند. بعد با خودش فکر کرد

گذشته تمام شده و رفته. حرف زدن و قضاوت در مورد آدمهای گذشته خیلی راحتتر از به چالش کشیدن ابراهیم خانهای زمان حال است.

در اتاقها را یک به یک باز می کرد. به سقف و دیوارها و پنجره ها نگاه می کرد. انگار به غیر صدای زیر پاشنه در، هیچ صدای دیگری ،هیچوقت وجود نداشت. همه خاطرات و یادآوری ها از آن همه اتاق تکراری و ملال آور بودند. اتاقهایی خالی از هر گونه عشق و نفرت و شور و هیجان. انگار به غیر از سه اتاق طبقه پایین عمارت ، بقیه از ابتدا خالی بودند. خالی از هر خاطره و یا حتی یک فکر قشنگ. چندین ملیون آدم با اتاقهای خالی این جهان را ترک کردند؟

دوباره به حیاط و بعد به اتاق طلعت و پدرش رفت. انگار نمی توانست از اتاق طلعت دل بکند. از پشت پنجره اش به حیاط و اتاقهای رو به رو نگاه کرد و سعی کرد تصور کند که طلعت موقع نظاره کردن فضای رو به رویش چه حس و

حالی داشت. اتاقهایی که روزگاری متعلق به دو تا از پسرهای ابراهیم خان بودند. تورج و کامران.

آفتاب ظهر نیمه مرداد در حیاط قدیمی ، سوزان و داغ بود. وارد حیاط شد و به سمت پنجره های چوبی اتاق رفت. اولین اتاق سمت راست اتاق تورج بود. تورج عاشق اسب سواری و شکار و چشم چرانی. در همین اتاق بود که اولین بار وقتی طلعت با سینی غذا به آن پا گذاشت تورج به چشمان نیلی رنگش خیره شد و نامش را پرسید . در همین اتاق بود که یک روز بی مقدمه طلعت را محکم بوسید و بدون اینکه لبان داغ و پرهوسش را از لبان دخترک بیچاره بردارد ، دامن پرچین پیراهنش را کنار زد و بی صفتش کرد. در همین اتاق بود که وقتی صدای فریاد طلعت موقع تولد فرزند مشترکشان را شنید و مثل یک خرس تیرخورده عرق ریخت و راه رفت و نقشه کشید. طلعت چهارده ساله . طلعت با لپهای سرخ و دو گیس بافته شده که همیشه از دو طرف روسری و روی سینه هایش آویزان بود.

مهندس جوان در حالی که دستانش را در جیب شلوارش گذاشته بود به سمت اتاق مجاور رفت. وقتی مقابل اتاق ایستاد دستانش را از جیبش در آورد و عرق پیشانیش را با دستمال سفیدش پاک کرد. این اتاق کامران بود. دومین پسر ابراهیم خان. از لا به لای میله های محافظ پشت پنجره به اتاق نگاه کرد. یک قفسه چوبی زوار در رفته به حال خودش رها شده بود و یک میز و صندلی کهنه در گوشه اتاق دیده می شد. کامران ، جوانی با موهای صاف مشکی و سبیلی پر که نه علاقه ای به شکار داشت و نه مهمانی. دائم در حال کتاب خواندن بود و معلم مدرسه ابتدایی بود و برای شاگردان فقیر دفتر و کتاب می خرید. ابراهیم خان او را بی فکر و شیرین عقل خطاب می کرد. مخصوصا از وقتی که یک بار مامورها برای دستگیریش به خانه ریخته بودند و مجبور شده بود با رشوه و پول آنها را دست به سر کند و بعد هم کتابهای کامران را پاره کرده بود و می گفت: از بس اینها را خوندی مثل دیوونه ها شدی . کامران تا مدتی بعد از پاره شدن کتابهایش حال عادی

نداشت . انبوه تکه های پاره شده کتابهایش را در چند طشت مسی بزرگ گذاشته بود و روی صندلی اش می نشست و ساعتها به آنها خیره میشد. اجازه نمی داد کسی به کتابهای پاره شده دست بزند و تا چند روز بعد از آن لب به غذا نمی زد و خودش را در اتاق حبس کرده بود. از پنجره همین اتاق بود که یک روز طلعت را دید که گریه کنان و هراسان از اتاق تورج به سمت اتاق خودش دویده بود و تا چند روز بعد از آن رفت و آمد دکتر به اتاقش ادامه داشت و همه می گفتند دختر یعقوب لال شده و دیگر نمی تواند حرف بزند. در چهارچوب همین اتاق بود که کامران با مشت توی سینه برادرش کوباند و به همه گفت که این افتضاح را تورج به بار آورده و از همین زمان بود که کامران رسما دیوانه خطاب شد و وقتی تابوت طلعت و پدرش را دو روز بعد از دنیا آمدن دخترش زیبا روی زمین حیاط و کنار حوض گذاشتند و خدمتکاران به دورش گریه می کردند کامران با اشکی به پهنای صورتش شعر امیلی دیکنسون را زمزمه کرد:

غرق شدن

به اندازه تقلای بالا آمدن دردناک نیست

البته آدم عاقل از نظر چند نفری که دور تابوتها جمع شده بودند کسی بود که در این لحظات فاتحه می خواند و صلوات می فرستاد.

رو به روی همین اتاقها بود که زیبا دختر طلعت در لا به لای خدمتکارها و در میان بوی روغن داغ و سیر و پیاز مطبخ بزرگ شد و قد کشید و هیچوقت هیچ کس به غیر از کامران او را نه تنها به عنوان فامیل و نه حتی بیشتر از گربه ای خانگی ندیدند.

کامران در تمام این سالها به غیر از مدرسه جایی نمی رفت و بیشتر اوقات خودش را در اتاقش حبس می کرد. دختر طلعت شش ساله شد و تقلای کامران برای گرفتن شناسنامه برای زیبای کوچک بی نتیجه ماند. این کامران بود که برای او روپوش کیف مدرسه خرید و بدون ثبت نام او را در کلاس خودش نشاند. اول سال بدون ثبت نام و آخر

سال بدون کارنامه چون شناسنامه نداشت و ابراهیم خان و تورج زیر بار گرفتن شناسنامه نرفتند اما زیبا قشنگترین کارنامه را داشت. کامران روی یک برگ کاغذ سفید یک کارنامه برایش درست کرده بود. دورتادور کاغذ را ستاره های آبی کشید . یک خورشید زرد رنگ در بالای سمت چپ کاغذ و کنارش اسم زیبا را نوشته بود. سمت راست آن نام درسها و رو به رویشان نمره ها و خودش هم در در گوشه سمت چپش امضا کرده بود و نوشته بود: با تقدیم احترام کامران مستوفی و زیبا تا پایان عمرش این کارنامه های کلاسهای اول تا پنجمش را نگه داشت و البته کلاس ساز یواشکی هم بود. آقا جمال دوست قدیمی کامران که هر روز به مدرسه می آمد و به زیبا ساز زدن می آموخت. کامران هر روز بعد از اینکه شاگردها کلاس را ترک می کردند پشت میزش می نشست و خودش را با دفترهای دیکته و ریاضی شاگردانش مشغول می کرد تا زیبا در حظور هر دو به تمرین ساز زدن بپردازد. سازی که از پدربزرگش یعقوب به ارث برده بود. کامران آنقدری که به فکر زیبا بود،

به فکر هیچ کدام از بچه ها و نوه های ریز و درشت ابراهیم خان نبود چون فکر می کرد این بچه خیلی مظلوم و بی کس است و هیچ کس را در این دنیا ندارد. حتی پدرش ایرج هم موجودیت او را نادیده می گرفت و از اول اعلام کرده بود که زیبا فرزند او نیست . در واقع مدتی بعد از متولد شدن زیبا، تورج به فرنگ رفت و بعد از هشت سال با زنی موبور به ایران برگشت و در واقع در آخرین دیدارش برای زیبا فقط یک عروسک کچل آورد.

اوضاع برای زیبا وقتی غمگین شد که کلاس پنجم ابتدایی را تمام کرد و کامران هم زن گرفت و از عمارت رفت. اما در همین چند سال به زیبا یاد داده بود که دلتنگی هایش را با خواندن کتاب و ساز زدن درمان کند. در همان سالها یاد گرفته بود که به جای شکایت از کار سخت آشپزخانه، یاد بگیرد که چطور غذاهای خوشمزه بپزد. گاهی به خودش در آینه خیره شود و زیبائیهایش را کشف کند. یاد گرفته بود که چطور غم و غصه هایش را با مزه لواشک و آلبالو قورت

بدهد. یاد گرفته بود که دنیا با همه مهربان نیست. یاد گرفته بود که عمر کوتاه است و در این فرصت کم، بیشتر بداند ، کمتر غصه بخورد ، شاد باشد و گاهی دستهایش را توی جیبش بگذارد و نفس بکشد و به آواز پرندگان گوش بسپارد و هرگاه به مشکلی برخورد شعر امیلی برونته را چند بار تکرار کند: من روح ترسویی ندارم.......من روح ترسویی ندارم.

اما زندگی فقط این نبود. سالها گذشت تا زیبا شانزده ساله شد. دخترهای خان همه شوهر کرده بودند و بچه داشتند. زیبا هم باید می رفت. نه فقط برای این که سروسامانی بگیرد بلکه برای اینکه به او به چشم عضو زیادی عمارت نگاه می شد. یک روز تقی دعانویس به عمارت آمد و دو ساعتی کنار ابراهیم خان نشست. برای اولین بار در عمارت چای خورد و قلیان کشید و قرار شد فردای همان روز زیبا را ببرند برای پسر تقی دعانویس که سه دخترش شوهر کرده بودند و سه پسرش زن و بچه داشتند و زیبا را به عقد

پسر کوچکش عبدل در آوردند. تقی دعانویس به غیر از رمالی کار بنایی هم می کرد و برای همه خشت درست میکرد. چهارتا پسرهایش هم با او کار می کردند. زندگی اش را با زنش در دو اتاق با دیوارهای کاه گلی شروع کرده بود و بعد هر چند سال یک اتاق به خانه قدیمی اضافه می کرد. خانه تقی دعانویس هر چند سال یک بار مثل یک تومور بدخیم رشد می کرد. یک بار دو اتاق به ضلع شمالی اش اضافه می کرد و چند سال بعد دو اتاق به بخش شرقی خانه می افزود. زیبا فکر می کرد که اگر از این خانه بدقواره یک عکس هوایی بگیرند شبیه صلیب شکسته ای می شود که روی پرچم آلمانهاست.

روز دوم ورودش و در واقع آخرین روزی که تقی دعا نویس به عمارت مستوفی رفت روزی بود که با چهار خانم و یک پسر جوان آمدند برای بردن زیبا. ولی قبل از آن ، زنها پیراهن بنفشی به تن زیبا کردند و چادر سفید روی سرش و او را در همان اتاقی که به دنیا آمده بود به عقد در آوردند و

بی سرو صدا بردنش . یک قالی و دو دست لحاف و تشک هدیه ابراهیم خان بود به عنوان جهیزیه زیبا.

برای آخرین بار که از عمارت خارج می شد نگاهی به اتاق رو به رو که روزی اتاق عمو کامران بود انداخت. تنها کسی که از او حمایت میکرد و حتی گاهی بعد از رفتنش برایش کتاب یا شیرپنیر یا پولکی می آورد. فکر کرد حتما خبر ندارد که می خواهند زیبا را از عمارت ببرند و البته حدسش درست بود. می دانست که نمی تواند اعتراضی به رفتن یا ماندن داشته باشد. چه دلیلی برای ماندن بود. اصلا شاید به داماد جدید علاقه مند می شد. هر چه تلاش کرد نتوانست صورت داماد را از زیر چادر سفید با گلهای صورتی ببیند. سازش عزیزترین و تنها دارایی اش بود که آن را با دقت در پارچه ای پیچیده بود و با خودش برد.

در حیاط خانه تقی دعانویس چند زن و مرد ایستاده بودند. اسفند دود کردند و صلوات فرستادند. در خانه ای که رفت و آمد تمام زنهای آبادیهای اطراف برای گرفتن دعاهایی با

۵۳

جوهر سیاه و خط کج و کوله تقی به راه بود ، ورود عروسی با ساز کم از شیطان رجیم نبود و پچ پچ ها پشت سر عروس تازه آشکار بود. اما زیبا به این چیزها توجه نداشت. یاد گرفته بود که در دنیا تنهاست. حتی وقتی در عمارت ابراهیم خان زندگی می کرد هم زیاد اهل حرف زدن نبود. شبها یا ساز می زد یا کتابهای شعر را ورق می زد. گاهی هم که دلش می گرفت شعری را زمزمه میکرد و اشک می ریخت. بی کسی مثل نداشتن چشم و دست و پا است که به آن عادت میکنی.

یک اتاق که جلویش ایوان کوچکی قرار داشت و بیشتر شبیه بنای امامزاده ای متروک و قدیمی در دهی دورافتاده بود را برای زیبا و شوهرش در نظر گرفتند. قالی را در اتاق پهن کردند و رختخواب را در گوشه ای از اتاق به روی هم چیدند. زیبا سازش را در گوشه ای گذاشت و بدون اینکه چادرش را از سرش بردارد گوشه ای کز کرد. با بازشدن در اتاق، سرش به سمت در چرخید. مرد جوان سینی غذا را

جلویش گذاشت و رو به رویش نشست. مرد جوان که نه. هیولا. ....دندانهای شکسته ، دماغ بزرگ ، جای بخیه روی یک طرف پیشانی.

انگار خودش فهمید که زیبا از دیدنش خیلی تعجب کرد و خودش را جمع کرد. آن شب زیبا ، در را از داخل قفل کرد اما هیچ حرف و اعتراضی از جانب هیولا نشنید. فردا صبح هم با سینی صبحانه وارد اتاق شد و اما این بار رو به روی زیبا ننشست و زیبا را با سینی کوچک صبحانه تنها گذاشت. خوب می دانست کسی که هر چند وقت یک بار با حمله صرعی بیهوش می شود و کف از دهانش خارج می شود و در حال غش شلوارش را خیس می کند برای هیچکس جذابیتی ندارد چه برسد به دختری زیبا با چشمان درشت نیلی رنگ که ساز زدن می داند.

چند شب گذشت . زیبا غمگین بود و نمی دانست که چه باید بکند. یک شب که نشسته بود و زانوانش را در دستانش

گرفته بود و فکر می کرد، پاکت سفید کوچکی از زیر در، به

درون اتاقش خزید. پاکت را باز کرد و نامه را خواند:

عروس زیبای من

می دانم که غمگینی . می دانم که از بخت خود و

از این روزگار شاکی هستی . میدانم که مردی

ناچیز و صرعی با دندانهایی شکسته لایق تو

نیست. اما من خیلی دوستت دارم. آنقدر که

حاضرم برای رضایت و خوشبختی تو هر کاری

بکنم. حتی اگر نخواهی با من زندگی کنی ، تو را

به هر کجا که بخواهی می برم . حاضرم تا آخر

عمرم شبهای سرد زمستان و تابستانهای تبدار را

در همین ایوان کوچک روی حصیری سپری کنم.

فقط بگو چه کنم؟

کسی که در هر حال دوستت دارد

زیبا چند بار نامه را خواند. محو خط زیبای مردی شد که روز اول او را هیولا نامیده بود. در اتاق را گشود. هوای بیرون سرد بود. هیولای مهربان به اتاق خزید و در تاریکی بوسه ای به دستان زیبا زد اما بی هیچ کلامی به ایوان تاریک و سرد خزید. فردای آن شب با دیدن اولین لبخند کمرنگ عروسش تصمیم گرفت برای داشتن زیبا تلاش کند. دو روز بعد، مرد جوانی رو به روی زیبا نشسته بود که نه دندانی شکسته داشت و نه موهای ژولیده. زیبا فکر کرد که چه لب خوش فرمی را زیر انبوه ریش و سبیلش پنهان کرده بود. رو به روی زیبا نشست و گردنبندی که به شکل قلب بود را به گردنش انداخت و شیرینی کوچک خوشمزه را در دهان محبوبش گذاشت.

حس خوب تماشای ستاره های آسمان با نسیمی خنک در ایوانی کاه گلی با حصیری زوار در رفته تنها با عشق و احترام است که برتر از قدم زدن روی بالکن قصری از

سنگهای مرمر با نرده های طلایی می شود. عشقی که باعث شد هیولای خوش قلب مردی شود که جلوی همان ایوان کاه گلی بایستد و مانع مخالفتهای اطرافیانش با ساز زدن زیبا شود . عشقی که از زیبا معلمی با کفش و کیف چرمی، لباس اطو کشیده ، کتاب به دست ، خندان و آرام بسازد و آموزگار همان کلاسی شود که روزی در آن خواندن و نوشتن و ساز زدن آموخته بود. همان کلاسهایی که شاهد حملات صرعی همسرش و پایان حظورش در کلاس بود.

اما همان طور که عمو کامران گفته بود دنیا همیشه مهربان نبود. کمتر از هشت سال بعد تقی واعظ پدر عبدل از دنیا رفت و عبدل با دیدن تابوت پدرش دچار حمله صرعی شد و با ضربه ای که به سرش آمد از دنیا رفت. به همین سادگی.

به همین سادگی زیبا دوباره تنها شد. اما نه تنهای تنها. پسرش هم بود. حالا زیبا بیوه جوانی بود که حتی سه برادر عبدل برایش دندان تیز کرده بودند. بعد........ انقلاب بود و جنگ ، فرار شازده ها، مرگ ابراهیم خان ، سنگ قبرعبدل

و تصویر عبدل ، یک روز با دسته ای از گلهای وحشی به دست، یک روز با قابی خالی چوبی ، یک روز با شمعی قرمز ، یک روز با کفشهای کوچک آبی به دست.............کابوسی که تمامی نداشت. سازی که نواخته می شد. دفتر شعری که ورق می خورد و زیر لب زمزمه می شد اشکی که می لغزید ، آهی به وسعت گربادهای بیابان ، نگاه کودکی هراسان.

نگاههای عجیب آدمهای خانه بدقواره تقی دعانویس بعد از ورود مردی با ریش و مو بلند و با چشمانی خسته که گویی هزار سال رنگ خواب به خود ندیده بود و زیبا برای دقایقی عمو کامرانش را نشناخته بود و با تعجب به او نگاه میکرد که حالا مردی بود که حتی از سایه خودش هم فرار میکرد.

مهندس پاریزی آهسته از در بزرگ قدیمی عمارت مستوفی که بر روی دو پایه چوبی بلند استوار بود خارج شد بدون آن که نگاهی به پشت سرش بیندازد. نیازی به نگاه دوباره نداشت. تمام زوایا و جزئیات عمارت را از حفظ بود. تنها صدایی در گوشش پیچید.........زیبا.........زیبا

مرد آشفته و خسته با موها و ریش بلند پاکتی کاهی رنگ را به زیبا داد و پیشانیش را بوسید و گفت: پسرت را بردار و از اینجا برو و زیبا به خانه کوچک شماره ۱۵ خیابان گلشن تهران که یادگار دوران تحصیل کامران بود رفت و تا آخر عمرش همان جا ماند. معلم روزمزد مدرسه اعتصامی شد و تنها همدمش پسرش بود و سازش و امید برای دیدن دوباره کامران.

چه روزها و شبهایی که با شنیدن صدای در و یا توهم آن ، از خواب بیدار نشد و به انتظار ننشست و بعد که نا امید از آمدنش شد ، خیابانهای تهران گاهی شاهد زنی بود با چشمان نیلی رنگ که به هر کجا سرک می کشید تا شاید ردی از اولین معلم زندگیش بگیرد. اما انگار عمو کامرانش که فقط در حظور او عمویش می نامید بخار شده و به هوا رفته بود.

سکوت و تنهایی زیبا با سرو صدای پسرش و شاگردان مدرسه ای که در آن کار می کرد و قیل و قال شهر و گاهی

صدای مهیب موشکها در شهر تهران شکسته می شد. با گذشت چند سال هر چه از دیدار کامران نا امیدتر میشد ، بیشتر به سازش که یادگاری از اجدادش بود پناه می برد. از یک سمساری برای سازش کیفی مشکی خریده بود که کمی برای سازش گشاد بود. آن را روی طاقچه اتاقش می گذاشت. یک رو میزی قلاب بافی سفید رنگ زیر سازش گذاشته بود. هر چند وقت یکبار با پنبه و پارافین بدنه سازش را تمیز میکرد و برق می انداخت و با دستمال گلدوزی شده آبی رنگی که مخصوص سازش بود گرد و غبارش را می زدود. نام و آوازه سازش کم کم در محل پیچید. چند شاگرد نوجوان داشت و به آنها ساز زدن می آموخت و بعد با دانشجوی جوانی آشنا شد که در مورد سازهای محلی ارمنستان و مناطق شمال دریای مازندران تحقیق می کرد.

جنگ اوج گرفته بود. داشتن ویدئو جریمه داشت و ساز زدن یک زن در محله ای متوسط امری غیرمتعارف بود.

شاید همه چیز با ورود همسایه فضولش به خانه کوچک زیبا آغاز و پایان یافت. شاید صدای بمب و راکت و فریادهای کودکانی که زیر آوار می ماندند تارهای سازش را از هم گسیخت. هر چه بود در همان روز نحس اتفاق افتاده بود. روزی که زیبا در اتاق کوچکش و رو به روی چهار شاگرد نوجوانش نشسته بود. ورود همسایه متعصب و بی مایه اش، متهم کردن او به ایجاد سروصدا و شکستن ساز عزیزش ، صدای پاهای شاگردانش که از پله های پیچ در پیچ خانه کوچک زیبا می گریختند و بعد سکوت ناگهانی خانه ، نگاه مات و مبهوت زیبا به خرده های شکسته ساز و تارهایش که از جا کنده شده بودند. دنیا همان روز برای زیبا تمام شد. انگار آن ساز شیشه عمرش بود. صدای شکسته شدن ساز در صدای شکستن زیبا در هم آمیخت و بر زمین افتاد و دیگر برنخاست.

مهندس پاریزی از کوچه ای با دیوار های کاه گلی که نهر آبی در یک طرفش روان بود گذشت. چقدر دلش هوای

روزهایی را کرده بود که با مادرش می رفتند شهر ری ،
دست میکشیدند روی ضریح و آرزوهایشان را می گفتند
بعد می رفتن تو بازارچه زیر گذر نزدیک حرم کباب و
ریحون می خوردند. سوار اتوبوس می شدند و توی پارکهای
تهران بستنی لیس می زدند. چقدر دلش میخواست چشم
ببندد و بعد مادرش را ببیند که رو به رویش نشسته و با
لبخند یک قاچ هندوانه خنک میده دستش . دهانش
خشکیده بود دلش آب می خواست . انگار با چشمان بسته
راه می رفت. چشم باز کرد متوجه شد یک عالمه راه را
پیاده آمده و خودش را رو به روی گورستان قدیمی که
شبیه شهر کوچک و متروکی بود دید. از بخش شیبدار
گورستان عبور کرد. نگاهی به اتاقک گلی با سقفی گنبدی و
پرچم سبز رنگ و رو رفته ی کنارش انداخت. آرام از بخش
شیبدار گورستان گذشت و کنار گور مادرش نشست. با
ظرف آبی که به همراه داشت غبار را از روی سنگ گوری
که از گرانیت سیاه بود پاک کرد. روی کلمات کنده کاری
شده ی آن دست کشید که نوشته شده بود:

آرامگاه ابدی زیبا مستوفی

فرزند کامران

عجوزه بیستون

دنیای کودکی دنیای زیبایی است. کودکان معمولا از عمق مسایلی که در اطرافشان میگذرد باخبرنیستند ، ساده از مسایل میگذرند وبه قضاوت ناحق نمی نشینند . مسایل دیگری هم هست که از چشم بچه ها پنهان می ماند. مثلا وقتی بزرگترها یک گوشه می نشینند و و به نقطه ای خیره میشوند بچه ها نمی دانند که آنها به چه چیزی فکر می کنند. وقتی میگوییم بزرگترها یعنی همه آدمهایی که از نظر جسمی رشد میکنند و البته همه از لحاظ عقلی به رشد کافی نمیرسند و مغزشان در همان حد کودکی باقی می ماند. حال اینکه چه عواملی در رشد فکری آدمها موثر است و چقدر انسانها خودشان مانع این پیشرفت در مغز کوچکشان میشوند به اندازه دهها کتاب مطلب دارد. دنیا پر است از انسانهای خوب و بد. خوب و بد هم در جوامع

مختلف تعاریف متفاوتی دارد. اما بعضی مسایل در همه فرهنگها به عنوان یک نقطه مثبت یا منفی تعریف می شود. مثلا تقریبا همه آدمهای روی کره زمین اتفاق نظر دارند که دروغ گفتن بد و عملی منفی است اما بسیاری نمی دانند که بزرگترین عامل دروغ ترس است. اگر ترسی وجود نداشته باشد دروغی هم وجود ندارد. همچنین است سایر خصایص منفی و آزار دهنده مثل خیانت یا قضاوت ناحق . مثلا همین حالا........در اتاق نشیمن فرشته خانم که با یک دست مبل و میزنهارخوری چرم و یک قالی نفیس و چند تابلوی مختلف تزیین شده. شوهرش و بچه ها چند ساعت است که به محل کار رفتند اما بساط صبحانه همچنان روی میز است و فرشته در فکر. یک ماه است که به آپارتمان جدید و شیک در شهر لندن نقل مکان کردند . چقدر در این شهر بزرگ و شلوغ و گران به دنبال خانه بودند و سرانجام توانستند آپارتمانی پیدا کنند که از هر نظر مناسب باشد. محل خیابان ، مدرسه بچه ها ، مرکز خرید ، پارک ، بانک و حتی خانمی که مسیول نگهبانی این مجتمع

مسکونی بزرگ هست را در نظر گرفتند. زنی با قدی بلند و هیکلی درشت با لبخندی همیشگی برای همه ساکنین این مجمتع . زنی که حتی خبر مبتلا شدنش به یک تومور بدخیم را با لبخند و سرو صدا به یکی از ساکنین این آپارتمان داده بود. البته فرشته این خبر را بطور اتفاقی و موقع خارج شدن از در ورودی ساختمان شنیده بود. خب اینجا منطق حرف اول را می زند و منطق میگوید که با گریه کردن و خود و دیگران را ناراحت کردن نمی توان به جنگ تومور یا هر درد دیگر رفت اما فرشته نمی توانست به سادگی از مشکلی که ذهنش را درگیر کرده بود بگذرد. بالاخره او ازسرزمینی آمده بود که زنها موقع پیش آمدن مشکل غصه می خوردند و گریه می کردند. با فامیل و آشنا درد دل می کردند ، بعضی سراغ فالگیر و رمال می رفتند یا به زیارت امامزاده ای و نذر و نیازی و بعد از همه اینها به سمت راه حل منطقی . اما اینجا نه فامیلی بود و نه دوست که بشود از این درد با او حرفی زد.

بیشتر از دو ساعت بود که روی مبل نشسته بود و فکر می‌کرد اما عقلش به جایی نرسید. آرام از جایش بلند شد و با بی حوصلگی ظرفهای پنیر وکره و مربا را به آشپزخانه برد. میز پر از خرده های نان را با دستمالی پاک کرد. چرخی در اتاق خواب خودش و بچه ها زد و در تمام این مدت فکر می کرد. عجب بلایی بر او نازل شده بود. هر دردی را می شود درمان کرد جز بی آبرویی . چطور می توانست به شوهرش بگوید ک یک مرد انگلیسی به او نظر دارد. اگر همسرش عصبانی میشد و می کوبید تو صورت آن مرد چی؟ آیا در صورت شکایت آن مرد برای ضرب و شتم ، شوهر ایرانی فرشته محکوم میشد؟ تازه در اینکه در این مورد، اول از همه زنش را محکوم میکرد ویک دعوای حسابی به راه می افتاد که شکی نبود. می توانست با یک مشاور صحبت کند یا اینکه یادداشتی برای آن مرد بنویسد و او را از عاقبت این کار بترساند و یا حتی می توانست فیلم بریدن سر یک سرباز آمریکایی به دلیل ناموسی در عراق را روی یک سی دی ضبط کند و از زیر در آپارتمان آن مرد

رد کند تا شاید کمی او را با فرهنگ شرق و جایگاه حرمت به ناموس آشنا کند.

فقط سه روز از ورودشان به منزل جدید می گذشت که این مردیکه چشم دریده را دیده بود. چنان به فرشته زل زده بود که او ناخودآگاه سرش را پایین انداخت. بار اول و دوم حس بدی نداشت و این چیزها را به حساب اختلاف دو فرهنگ گذاشت. اما کم کم با دیدن آن مرد دچار اضطراب و نگرانی شدیدی می شد. مردی بود با قدی بلند، چاق ، با شکمی بزرگ و چشمان لوچ آبی . فقط به فرشته خیره نمیشد ، همیشه یا در سالن ورودی آپارتمان مشغول لاس زدن بود و یا در جلوی در ورودی می ایستاد و به آدمها و اطرافش نگاه میکرد. حتی وقتی در آسانسوربود هم با همه بگو و بخند می کرد و یا احساساتش را با دیگران به اشتراک می گذاشت . مثل احساس بی حوصلگی در یک روز بارانی یا حس شعف و شادمانی دریک روز آفتابی و یا اینکه فقط با کشیدن دستش بر روی پلاک برجسته درهای منازل

مسکونی، قادر به پیدا کردن خانه دوستی ، حتی بدون نشانی دقیق است.

روزهای اول فرشته فکر کرد که محل سگ به این انگلیسی چشم چپ نده اما نمیشد. سعی کرد به او فکر نکند اما از شانس بد بیشتر وقتها موقع داخل و خارج شدن از در مجتمع در آسانسور و حتی هنگامی که با نایلون سیاه آشغال در دست به سمت اتاق زباله ها می رفت هم با او برخورد کرده بود. بدتراز همه زنهایی بودند که همیشه با او حرف می زدند و با صدای بلند می خندیدند. خجالت هم خوب چیزیه والا. با خو دش می گفت خدا به بچه هامون رحم کنه که قراره در این محیط بزرگ بشوند . به آرامی پرده اتاق خواب دخترش را کنار زد و از پنجره به بیرون نگاه کرد. به ساختمانها، خیابان ، آدمها و اتومبیلهای در حال حرکت. بعد دوش گرفت و درحالیکه موهایش را خشک می کرد به چهره خودش در آینه خیره شد. شاید آن مرد گرفتار چشمهای درشت مشکی و موهای خرمایی

رنگش شده بود. درست است که اکثر زنهای انگلیسی دماغهای کوتاه خوشگل و چشمهای رنگی دارند اما زنهای شرقی جذابترند. بعد یکدفعه آرام با دستش زد توی صوتش و در دل گفت: خدا مرگم بده، دارم به چه چیزهایی فکر میکنم. به یاد خاطرات خان عمو از فرنگ افتاد. شبی که قبل از مهاجرتشان به انگلستان ، مادرش مهمانی مفصلی داده بود. خان عمو بالای سالن نشسته بود و درحالیکه دستانش را موقع حرف زدن تکان می داد از خاطراتش می گفت:.........بله عرض به حظورتون که یک بار در ایام جوانی با دوستانمان در پاریس در میخانه ای مشغول نوشیدن بودیم که خانمی زیبا با قدی رعنا و موهای بلند صاف و طلایی وارد شد. نادر پسر حاج مصطفی که کنار من نشسته بود گفت: ببینید چه لعبتی وارد شده . من زدم پس گردن نادر و گفتم آخه خاک بر سرت، مگه کوری ، نمیبینی آن مرد خوش تیپ کنارش رو؟ بعد معلوم نبود که چرا صدای خنده ی همه مهمانها در سالن پیچید. شاید آن شب همه بیش از حد سرخوش بودند.

فرشته آرام از جایش بلند شد و با همان کت حوله ای
صورتی رنگ به آشپزخانه رفت و یک فنجان قهوه برای
خودش درست کرد. بعد در حالیکه فنجان قهوه دردستش
بود در اتاق نشیمن راه رفت و ناخودآگاه سعی کرد ادای
خارجی ها را در بیاورد. سعی کرد مثل آدمهای توی
فیلمهای خارجی موقع بروز مشکلات آرام قهوه بخورد ،
بیشتر فکر کند و مشکلش را با سکوت و منطق حل کند.
بعد نشست روی مبل و سرش را به مبل تکیه داد و پیش
خودش فکر کرد که چرا یک مرد شرقی مثل خان عمو می
تواند از جنس مخالف در فرنگ خاطرات خنده دار داشته
باشد ولی یک زن حتی باید از نگاههای بدون کلام هم
بترسد؟ البته نه هرزنی .

در همین افکار بود........بله در همین افکار بود که در به صدا
در آمد . به سمت در رفت و وقتی از چشمی در به بیرون
نگاه کرد مرد لوچ انگلیسی را دید. قلبش مثل چکشی قوی
و سنگین در سینه اش می طپید. به خودش میگفت چقدر

این مرد وقیح است. خودش را تا دم در خانه ی من هم رسانده . در را باز نکرد . هراسان به سمت آشپزخانه رفت. با دستی لرزان لیوانی آب نوشید. لرزش دستانش آنقدر شدید یود که لیوان از دستش افتاد و خرده های لیوان کریستال انگشت سبابه راستش را برید. بعد بدون توجه به انگشت بریده اش سرش را به سمت در ورود چرخاند و گوشهایش را تیز کرد. صدایی شنیده نمیشد. دوباره به سمت در رفت و از سوراخ کوچک شیشه ای در نگاهی به بیرون کرد. اثری از مرد انگلیسی نبود. نفس راحتی کشید و به سمت اتاق نشیمن رفت. جلوی قفسه کتابها ایستاد و کتاب سفید رنگی را از بین کتابها جدا کرد. نگاهی به روی جلد کتاب انداخت. زن اثیری و ....قبلا کتاب را خوانده بود . با بی حوصلگی کتاب را ورق زد. در بخشی از کتاب ماجرای معاشقه خسرو و شیرین بود. شیرین در فضای اتاق می چرخید و خسرو به دنبال او. شیرین همه ناز بود و خسرو همه نیاز. بعد نگاهش به تابلوی مسی بیستون که روی دیوار روبرو نصب شده بود افتاد. نقش برجسته داریوش و همراهانش و گیومات مغ

خیانتکار که باعث مرگ بردیا و روی کار آمدن بردیای دروغین شده بود و بخش کناری نقش برجسته که مثل پرتگاهی بسیار بلند و مهیب که منسوب به فرهاد کوه کن برای ابراز عشقش به شیرین شده بود. فرهاد را با لباس زنده ای در نظرآورد. نمی دانست که چرا لباس فرهاد در ذهنش چیزی شبیه به گونی کنفی برنج آمد. دستان زمخت و ورزیده ی فرهاد با کلنگی بزرگ و سنگین در پیش چشمانش ظاهر شد با چهره ای غرق در عرق عشق و خستگی . عجوزه ای خمیده با خالی درشت گوشتی بر بینی درازش ، پشتی خمیده ، عصا به دست ، با موهای سفید بلند و کم پشتی که تا روی نافش آمده بود را تصور کرد. عجوه ای که خبر دروغ مرگ شیرین را به فرهاد رساند. ناامیدی فرهاد و صدای فریادش و کلنگی که به آسمان پرتاب شد و بر روی سرش فرود آمد. نگاهش از سری شکافته و چهره ای غرق خون در ذهنش به انگشتی که با تکه ای ازلیوان بریده شده بود رسید و قطرات خون بر روی کلمات زن اثیری کتاب ریخت.

برای شستن دستش به آشپزخانه برگشت. اولین قدم با پای راستش و در دومین قدم پای چپش روی خرده های شیشه لغزید و پارگی کوچک انگشت پای چپش و زمینی که از خونش قرمز شد. خرده های درشت شیشه را با دستش جمع کرد و با پارچه ای مرطوب کف آشپزخانه را تمیز کرد. با حرکت دستمال روی زمین خون بیشتری پخش میشد. به نظرش عجیب آمد چون او سعی می کرد که خون را پاک کند ولی با هر حرکت دستش، خون به بقیه کف سفید آشپزخانه کشیده شد و یک لایه پهن صورتی رنگ را تشکیل داد. پیراهن بلندی پوشید و سعی کرد خودش را با انجام کارهای دیگر سرگرم کند. شاید با جابه جایی وسایل اتاق نشیمن می توانست افکار بیمارگونه را از خود دور کند. سبد مجله و روزنامه ها را ازگوشه اتاق برداشت و شروع به جدا کردن روزنامه ها ی قدیمی کرد. در حین انجام این کار صفحه اول مجله ها و روزنامه ها به چشمش میخورد. اطلاعات در هم و برهم و تیترها از جلوی چشمش رژه میرفتند. رکورد کوتاهترین ازدواجهای

هنرپیشگان هالیوود.....چطوربا روشن کردن چراغهای خانه در هنگام شب به جنگ افسردگی برویم........ مرد خیری که برای کمک به کودکان گرسنه به آفریقا سفر کرد و مبتلا به مالاریا شد و مرد...... تصویر خواننده معروف با آرایش غلیظ و کودکی بی سرپرست در آغوشش......آرامش با خوردن چای سبز........

با صدای در، از جایش پرید. سرش مثل پرنده ای هراسا ن به سمت در ورودی چرخید . وقتی مرد هیکل گنده را از پشت دایره کوچک شیشه ای در دید ، به شدت عصبانی و هراسان شد. تصمیم گرفت تکلیفش را با این موجود بی شعور یکسره کند. در را باز کرد و با صدای بلند گفت بله..... مرد اانگلیسی گفت : سلام . ببخشید وقتتون را می گیرم . ظاهرا مشغول کاری بودید. اسم من سایمون است . من در طبقه هفتدهم همین ساختمان زندگی میکنم. مسیول ساختمان به من گفت که شما اخیرا به این آپارتمان نقل مکان کردید. می خواستم به شما خوش آمد بگویم. .من در

یک انجمن خیریه فعالیت دارم . هر سال در ماه دسامبر مراسمی برای خیریه داریم . می خواستم از شما خواهش کنم تا در صورت تمایل در این مراسم شرکت کنید. اگر دوست داشته باشید می توانید پول و یا هدیه ای برای خیریه بیاورید. بعد در حالیکه به سمت گوشه در نگاه میکرد دستش را مقابل سینه اش قرار داد، بطوریکه فرشته می توانست کف گوشتی و سفید دست مرد را ببیند. بعد ادامه داد...... البته هیچ اجباری برای آوردن پول یا هدیه نیست. ضمنا در طبقه هم کف همین آپارتمان یک سالن اجتماعات کوچک هست. ساکنین ساختمان گاهی می توانند بین ساعات ۵ تا ۷ عصر به آنجا رفته و ضمن نوشیدن قهوه ، گپی هم با هم داشته باشند. امیدوارم که گاهی به جمع ما بپیوندید. فرشته درحالیکه صدایش می لرزید خیلی محکم و با صدای تقریبا بلند گفت: من هیچ علاقه ای به جمع شما و نوشیدن قهوه در آنجا ندارم . بعد در را به هم کوبید و در حالیکه به اتاقش میرفت زیر لب گفت مرده شور تورو ببرن با آن قهوه ات.

وقتی سبد مجله ها را به جایش برگرداند گوشه ی پوستر بزرگی که در سفر سال گذشته اش به پاریس خریده بود به چشمش خورد. پوستر را بیرون کشید و نگاهی به آن انداخت . یادش آمد وقتی در سالن موزه قدم میزد ، گروهی را دید که جلوی یک تابلوی نقاشی جمع شدند و مردی در حال توضیح دادن در مورد نقاشی است. تصویر چند مرد و زن نیمه برهنه نقاشی شده بود و مرد داشت توضیح میداد که در نگاه اول این نقاشی ممکن است بیننده را به قضاوت ناحق بکشاند ولی در واقع این چند نفر بعد از آب تنی در رودخانه ای که در بخش فوقانی نقاشی دید میشود در حال صحبت کردن هستند. فرشته یادش آمد که همین توضیح باعث شد که پوستری از آن نقاشی را برای یادگاری بخرد چون هیشه دوست داشت تاریخچه کوچکی از اشیایی داشته باشه که به در و دیوار خانه کوچکش آویزان است. پوستر را به جای اولش برگرداند و باز چهره مرد لوچ چشم آبی در نظرش آمد. بهتر بود خودش را با چیزی سرگرم کند. هفته دیگر امتحان آیین نامه رانندگی داشت. وقتی

کتاب را از روی میز عسلی کنار تخت برداشت ، تکه ای کاغذ با دستخط خودش از لای کتاب به زمین افتاد. خم شد و از زمین تکه کاغذ را برداشت . روی کاغذ جمله ای از هراکلیوس نوشته شد بود با این مضمون............... در جستجوی حقیقت برای نامنتظرها آماده باش چرا که یا فتنش دشوار است و وقتی که می یابییش حیرت آور است. تکه کاغذ را در زیر میزش گذاشت و سعی کرد کتاب آیین نامه را مطالعه کند. نمیتوانست به آنچه می خواند تمرکز داشته باشد. تمام کتاب را قبلا خوانده بود و بیشتر قوانین رانندگی مثل همانی بود که سالها قبل در ایران خوانده بود و به درستی میدانست اما حال کودکی مضطرب را داشت که ذهنش سرگرم یک بازی مهیج است و مفاهیم کتاب در ذهنش جا نمی گیرند. سعی کرد هر کدام از جملات کتاب را دو یا چند بار بخواند.

ضرورت چراغ راهنما قبل از خارج شدن از میدان

ضرورت چراغ راهنما قبل از خارج شدن از میدان

خودش را مثل راننده ای تصور کرد که درحال تعقیب و
گریز با مرد لوچ عجیب است. مثل آدمی که در میدانی
بزرگ است و دورتا دورش را دهها خیابان احاطه کرده
است. هیچ تابلوی راهنمایی وجود ندارد و هر چه فکر میکرد
نمی دانست کدام راه او را به مقصد می رساند. حس میکرد
برای موضوعی بی اهیت دچار اضطرابی شدید شده. به هر
حال نتوانست با این حال درونی آزار دهنده اش بجنگد. با
وجود اینکه هر جمله از کتاب را چند بار تکرار میکرد اما
حس کرد فقط چشمانش است که کلمات را می بینند و
ذهنش هیچکدام را به خاطر نمی سپارد. تصمیم گرفت به
کتابخانه نزدیک خانه برود و در آنجا مشغول خواندن شود.
شال و کلاه کرد و با افکاری مغشوش و کیفی در دست و
کتابی در دست دیگر به سرعت از آپارتمانش بیرون رفت.
سالها قبل هیشه در روزهای امتحان مسیر خانه تا مدرسه را
با کتابی در دست به راه می افتاد و در طول راه مدرسه و در

اتوبوس یا تاکسی نگاهی هم به کتاب می انداخت. حس می‌کرد عادت دیرین روزهای امتحان دوباره به سراغش آمده است. امیدوار بود در سالن ورودی مجتمع مسکونی مرد چشم لوچ را نبیند بلکه با خارج شدن از ساختمان بتواند اندکی به آرامش برسد. وقتی وارد آسانسور شد نگاهی به چهره رنگ پریده خودش در صفحه آینه ای براق آسانسور انداخت سپس به کلمات کتابچه خیره شد........... بالای صفحه نوشته شده بود:

عصای سفید در دست عابر پیاده نشان دهنده این است که فرد نابیناست

عصای سفید در دست عابر پیاده نشان دهنده این است که فرد نابیناست

در آسانسور باز شد . نگاه فرشته روی نگاه مرد لوچ رو به رویش گره خورد. فرشته از آسانسور خارج و با قدمی محکم به طرف مرد به حرکت در آمد. حس می‌کرد دیگر طاقتی

برایش نمانده است. اما مرد بدون توجه به او عصای سفیدی را آرام به زمین کوبید و از در ساختمان خارج شد.

پاهای فرشته مثل دو وزنه سنگین شده بود. چطور در تمام این مدت هیچگاه عصای سفید را در دستان مرد ندیده بود. دیگر نگران مرد لوچ نبود بلکه حس میکرد عجوزه ای گوژ پشت با چشمانی وق زده ، موهای کم پشت سفید ، با خالی گوشتی بر بینی ، مثل سایه ای به دنبالش روان است .

بخشندگی

ندا صبح با غرولندهای مادرش از خواب بیدار شده بود. مادر پا به سن گذاشته بود و صبحها خوابش نمیبرد و تحمل دیدن خواب بقیه اهل خانه را بعد از هفت صبح نداشت. اتاق گرم بود و شعله رقص مانند آتش از پنجره بخاری نفتی دیده میشد. شعله آبی کوچک خوشرنگ که دورش را قاب مشکی احاطه کرده بود. دست و صورتش را توی دستشویی مثل یخچال شست. طوری عمل میکرد انگار سگی در یک جاده خاکی به دنبالش دویده بود تا از سرما فرار کنه. به قول خودش که همیشه به شوخی میگفت دستشویی با اعمال شاقه. دستهای سرد و لاغرش را گذاشت زیر بغلش و بعد نشست کنار بخاری . یک طرف صورتش که به سمت بخاری بود از شدت حرارت در مدت کوتاهی سرخ شد. مادر گفت فردا عصر خانه حاج حسن مجلس زنانه دارند.

کی؟......مادر زیر چشمی نگاهی کرد و گفت: حسن چاربادار...... تاکید کردند که تو هم باشی . یادت نره فردا زودتر بیای تا با هم بریم .

با دومین لقمه کوچک نان و پنیر، چای را هم داغ سر کشید. حس کرد چای مثل یک لوله داغ از ته گلویش با سرعت به معده اش خزید. کیف و کتابش را برداشت و رفت. صبح باید میرفت بیمارستان برای کارورزی و بعد از ظهر هم تا غروب کلاس داشت. نمی دانست چرا اوقاتش تلخ شده بود. سوار اتوبوس که شد، به یاد دوران کودکیش افتاد. زمانی که به قول مادرش با دختر حسن چاربادار هم کلاس بود.آن زمان که روپوش سرمه ای کوتاه می پوشید که یقه سفید گیپور داشت. اما دختر حسن چاربادار یک بلیز یقه اسکی سفید چرک مرده تمام مدت زمستان از زیر یقه روپوش مدرسه اش به چشم می خورد و موهاش همیشه ژولیده بود. مادر که آن زمان جوان بود با نگاه به سرو روی او میگفت آخه نمیگن یک دستی به سر این طفل معصوم

بکشند. شانه کردن موهای بچه که دیگه خرجی نداره.
حسن چاربادار و پدرش ،از گذشته، در راه ییلاق و قشلاق
مردم در تابستانها ، مهتر اسبها بودند و برای همین مردم او
را به این اسم میخواندند. حسن سر زنش هوو آورده بود.
یک زن غریبه که ماتیک قرمز میزد و انگار از گونه هایش
خون می چکید. مردم می گفتند حسن زن اول و چهار بچه
اش را گذاشته تو خونه قدیمی و با زن دومش زندگی
میکند .

چند سال بعد، انقلاب شد و حسن چاربادار پولدار. هیچکس
نفهمید چطور. هیچ فرقی هم نکرده بود. فقط قیافه اش
جاافتاده تر شده بود. اما روزگار برای بعضی از مردم جور
دیگر چرخید . بابا دیگر کراوات نمی زد و به جای روبانهای
رنگی روی سر ندا مقنعه سیاه بود و از کفش مدل
عروسکی هم خبری نبود. یک شب وسط نوشتن مشقهایش
برق قطع شد و صدای آژیر اعلام وضعیت قرمز به صدا در
آمد. وقتی مادر فتیله چراغ نفتی را بالاتر برد صورت ندا

روشن تر و مثل تمثال بزرگ مریم بالای محراب کلیسای کوچک و قدیمی شهر شده بود. پدر سرش را از روزنامه برداشت و نگاهی به صورت دخترش انداخت و با عصبانیت گفت نمی خواد بنویسی دیگه. خدا به دخترامون رحم کنه . بعد روزنامه را به طرفی پرت کرد وبا کمی اوقات تلخی گفت: دنیا شده مال چاربادارها. یادش نمی آمد بعدش چه اتفاقی افتاد. حتما با کمی بغض خوابید یا این اتفاق در شادیهای کودکانه اش گم شد.

شاگرد مینی بوس پرسید : پیاده نمیشی خانم؟ با شما هستم.

به خودش آمد. از مینی بوس پیاده شد به سمت بیمارستان رفت. سریع لباس و کفشش را در رختکن پرستاران عوض کرد. مرد لاغری با موئ مشکی و لباس کارقهوه ای رنگ از انتهای راهرو دیده میشد که مشغول تی کشیدن زمین بود .بوی دتول و ساولن در راهرو پیچیده بود. دانشجوها با روپوشهای سفید از در بعضی از اتاقها سرک می کشیدند.

بعضی هم هنوز از راه نرسیده بودند. چند دقیقه بعد سروکله ی خانم مربی خپل پیدا شد. شوخ طبع بود و شاخ و شنگول اما به قول بچه ها مو را از ماست می کشید بیرون . دوست نداشت دانشجویان پرستاری به میز و تخت تکیه بدهند. عقیده داشت دانشجوی پرستاری مثل یک سربازه. ......آدامس تو دهانتون نباشه ، لباسهای چروک و اطو نشده و خنده با صدای بلند در بیمارستان ممنوع . گاهی با شوخی هایش از دانشجویان انتقاد میکرد. آن زمان رسم نبود دانشجویان را با اسم کوچک صدا کنند اما او همه را با اسم می شناخت. به محض اینکه وارد بخش شد همه دورش جمع شدند . گاهی موقع حظور و غیاب دستورات لازم را هم میداد یا تکه ای می پروند..........زلفهاتو بکن تو ممکنه موهات بره تو ظرف غذای بیماران..............لاک ناخنت را پاک کن ممکنه موقع پانسمان بره لای زخمشان و عفونت کنه........سعیده تو اتاق ۵۰۴ مریم تو اتاق ۵۱۷.

بعد رو کرد به ندا و گفت همراه من بیا . به نظرش می آمد مربی به غیر از پاهاش با سرو صورتش هم راه میره . موقع راه رفتن تمام اعضا بدنش حرکت میکرد. وارد انتهایی ترین اتاق سمت راست راهرو شدند . اتاق تاریک و کم نور بود . حمام در کنار ورودی اتاق قرار داشت و بعد در همان طرف اتاق یک تخت بود و پایه سرم و موجود کوچکی روی آن به حالت نیمه نشسته قرار داشت. مربی به سمت پنجره رفت و کرکره را کشید. چهره موجود کوچک روشنتر شد و زنی میانسال پدیدار گشت. صورتش رنگ پریده بود و بی حال به نظر می آمد. مربی با او حال و احوال کرد و بعد بدون اینکه منتظر جواب باشد رو به ندا کرد و گفت: سالها در یکی از خیابانهای شهر گدایی میکرد. ساعتها در سرما و گرما در یک گوشه پیاده رو می نشست و گاهی مردم در کاسه کوچکش پول می ریختند. هیچ کس و کاری ندارد. چند روز پیش یک نفر او را بی حال روی سنگفرش پیاده رو پیدا کرد و به بیمارستان آورد. حرف نمی زند. تشخیص بیماری رماتیسم پیشرفته است. بعد رو به ندا کرد و گفت: می دانی

که درد شدیدی را تحمل می کند. بعد چشمکی به ندا زد و گفت: مطمئن نیستم که اصلا تار صوتی داشته باشد چون فعلا هیچ حرفی نزده.

دارو و سرمش چک شود. پانسمان دستش باید عوض شود .....رژیم غذایی معمولی که باید خودت به او بدهی چون به سختی دستهایش را حرکت می دهد. علائم حیاتی کنترل شود . درباره بیماری رماتیسم هم خوب مطالعه کن و فردا صبح در سالن کنفرانس برای سایر دانشجویان صحبت می کنی. بعد بدون اینکه منتظر حرفی باشد اتاق را ترک کرد. وقتی به در ورودی رسید دوباره برگشت و گفت: خودت باید به تنهایی حمامش کنی چون متاسفانه امروز بخش کاملا پر است و تعداد پرستاران کم.

وقتی مربی اتاق را ترک کرد نگاهی به موجود نحیف انداخت. پلکهایش به آرامی باز و بسته می شدند. بی حوصلگی و خستگی ازسر و رویش می بارید. ندا قدمی به جلو برداشت و بعد چرخی در اتاق زد. از پنجره به محوطه

پشتی بیمارستان نگاه کرد. عده زیادی جلوی در سردخانه جمع شده بودند. نگاهی به حرکت مواج جمعیت انداخت. انگار مردم همدیگر را هل می دادند. صدای مبهم ناله و شیون از لا به لای جمعیت به گوش می رسید. بعد تابوت کوچکی از سردخانه به سمت بیرون روی دستها چرخید.

ندا به آرامی به طرف حمام رفت و آب گرم را آماده کرد. رو به بیمار گفت: میتونی حرکت کنی؟ میخواهی کمک کنم؟ من که نمیتونم بلندت کنم . اما موجود کوچک و نحیف نای حرف زدن نداشت. ناچار ظرفی پر از آب نیم گرم را به روی میز جلوی تخت گذاشت و میز را به آرامی به طرف بیمار به حرکت در آورد. سعی کرد لباس را از تنش بیرون آورد. کار سختی بود چون با هر حرکت موجود نحیف درد شدیدی را تحمل می کرد و چهره اش همه فریاد میشد. وقتی می خواست روسری اش را از سرش جدا کند ناگهان موجود نحیف با فشار دستش او را به سمت دیگری هل داد. اصلا انتظار همچین حرکت و قدرتی را نداشت. ندا چند لحظه

مات و مبهوت ایستاد. بعد توجهش به گره کوچک روسری بیمار افتاد. ظاهرا چیز با ارزشی را در آن پنهان کرده بود.

موجود نحیف به سختی روسری اش را سراند و زیر بالش کشاند. شستن سرو گردن بیمار و بعد دستها جناغ سینه و تعویض لباس به سختی و کندی انجام میشد. به یاد حرفهای مادر افتاد. شاید حق با او بود. شاید می توانست شغل راحتتری را انتخاب کند.

به آرامی لباس تمیزی را جایگزین لباس قبلی کرد و روسری تمیزی بر سرش گذاشت. موجود نحیف غرق عطر صابون و تازگی شد. بخش قلمبه شده ی روسری قبلی از گوشه ی سمت چپ بالش خودنمایی می کرد. خیلی زود با بیمارش مانوس شد و نسبت به این بیمار بی ملاقاتی احساس مسئولیت بیشتری می کرد. پوست خشک و استخوانی اش را با کرمی مرطوب کرد با هر حرکت آرام انگشتان بر روی دستش چشمان موجود نحیف به آرامی باز و بسته میشد. انگار اوقات تلخی سر صبح زیر بار این کار

سخت و شیرین رنگ می باخت و خوشحال بود که می
توانست آرامش را در چهره او ببیند.

موقع ظهر که وقت نهار بیماران بود صدای میزهای چرخدار
و عطر غذا در فضا پخش شد. ندا ظرف سوپ را روی میز
گذاشت و به آرامی و در حالیکه آهسته با بیمار صحبت می
کرد سوپ را با صبر و حوصله به دهان بیمار گذاشت. دور
دهانش را با دستمالی مرطوب پاک کرد و داروهایش را در
سرمش ریخت. علایم حیاتی راکنترل کرد. نبضش خیلی
ضعیف بود و قلبش به آهستگی می طپید. بعد از نوشتن
گزارش کامل شرح حال بیمار از او خداحافظی کرد اما بیمار
موقع خداحافظی به آرامی آستین ندا را کشید. سعی میکرد
چیزی بگوید اما نمی توانست.

گوشه قلمبه روسری را به ندا نشان داد و با حرکتهای
چشم و صداهای مبهم آرام به او فهماند که گوشه روسری را
باز کند. ندا گره روسری را باز کرد و یک بیست تومنی کهنه
مچاله شده آبی رنگ از درون در آورد و در دستان بیمار

گذاشت اما موجود نحیف از گرفتن پول امتناع کرد و او را به دختر جوان بخشید. ندا با لبخندی تشکر کوتاهی کرد اما او اصرار داشت که باارزشترین و تنها دارایی زندگی اش را برای قدردانی از زحمتها و محبتش به او ببخشد.

اصرار فایده نداشت. به ناچار بیست تومنی را با تردید در جیبش گذاشت. لبخندی صورت موجود نحیف را پوشاند که این اولین لبخندش در آن روز بود. ندا از اتاق خارج شد و با خود فکر کرد که بیست تومنی کهنه را فردا به او برمی گرداند.

فردای آن روز با دفتر کوچکی در دست وارد سالن کنفرانس بیمارستان شد. وقتی پشت تریبون ایستاد سایر دانشجویان با روپوشهای سفید و مقنعه های سرمه ای روبرویش بودند. مربی هم در ردیف جلو نشسته بود و قادر به دیدن بقیه نبود. ندا می توانست موقع صحبت کردن رویا را ببیند که کلاه قرمز کاموایی را روی مقنعه اش کشیده و لودگی می کرد یا شیرین که از ردیف آخر برایش

شكلک در می آورد تا او را بخنداند. اما او در حال و هوای دیگری بود. تا به آن روز هیچ بیمار دیگری تا این اندازه ذهنش را مشغول نکرده بود و موقع حرف زدن حس می کرد بیماری رماتیسم مفصلی را با همه وجودش می شناسد.

بعد از اتمام صحبتهایش مربی از همه خواست که به اتاق بیمارهای روز قبل بروند. ندا در حالی که بیست تومنی کهنه را با دست در جیب راستش می فشرد وارد اتاق موجود نحیف شد اما با تختی مرتب و خالی رو به رو شد. اول فکر کرد که به اشتباه وارد اتاق دیگری شده و یا بیمار را به بخش مجاور منتقل کردند. نمی دانست چرا دچار اضطرابی مبهم شده شاید به دلیل اینکه باید امانت را هر چه زودتر به صاحبش برمی گرداند. در جستجوی زن بیمار به اتاقهای دیگر سرک کشید. وقتی او را نیافت از مسئول بخش جویای موجود نحیف شد و با ناباوری خبر فوت او را شنید. دفتر گزارش پرستاری را ورق زد و در مقابل اسم

موجود نحیف کلمات ایست قلبی و مرگ در ساعت ۴:۱۰ صبح همان روز را خواند.

مرگ در حرفه ی او اتفاق عجیبی نبود. چه بسیار بیمارانی که با پای خود وارد بیمارستان شده بودند اما بعد جسم بی جانشان روی دست دیگران خارج میشد. ندا نسبت به این اسکناس احساس مسئولیت می کرد و دلش می خواست با این پول کاری برای موجود نحیف و تنها انجام دهد. می توانست چند شمع بگیرد و به یادش بسوزاند یا بسته ای خرما بخرد و به نیت او خیرات کند و یا شاید بیست تومنی را در دستان کوچک دخترکی گل فروش یا پسرکی با بسته ای آدامس در چهار راه شلوغ شهر بگذارد. حسی ناخودآگاه از او می خواست که او را جاودانه کند اما چطور؟ تمام آن روز را با این فکر گذراند.

ظهر آن روز در کلاس جامعه شناسی مرتب به ساعتش نگاه میکرد چون به مادر قول داده بود همراه او در مراسم سفره نذری شرکت کند. موضوع آن روزکلاس در مورد

ساختارهای اصلی یک جامعه و چگونگی شکل گیری لایه های مختلف فرهنگی و اقتصادی بود. موقع برگشتن از دانشکده به خانه وقتی از تاکسی پیاده شد تمام مسیر کوچه را دوید و وقتی به خانه رسید نفس نفس میزد. یک شال مشکی که با نوار براق نقره ای تزئین شده بود را جایگزین مقنعه کرد و همراه مادر به راه افتاد . تعداد اتومبیلهایی که در کوچه پارک شده بودند بیشتر از همیشه بود. مادر گفت خیلی بد شد ، فکر کنم آخر از همه رسیدیم.

از پله ها که گذشتند ، وارد سالن بزرگی با پرده های زیبا و قالیچه های تزئینی نفیس روی دیوار شدند. سفره ترمه وسط اتاق پذیرایی پهن بود و خانمها دور تا دور سفره نشسته بودند. مثل کودکی آرام کنار مادر نشست. نگاهش از شومینه ای بزرگ از سنگ مرمر در گوشه سالن و مبل بسیار زیبای کنار آن که شبیه مبلهای کاخ گلستان بود به گردنبند زیبای الماس یکی از مهمانان کشیده شد. عطر هل

و گلاب و زعفران در فضا پخش بود. میوه های رنگارنگ را در سینی های خاتم چیده بودند. شیرینی و خرمای تزئین شده با گردو و نارگیل را در دو ظروف کریستال گذاشته بودند. آش رشته ، شله زرد ، عدس پلو و لقمه های تزئین شده ی نان و پنیر و سبزی ، بسته های توری سفید رنگ که پر از نقل و آجیل بودند ، همه با سلیقه خاصی در سفره ترمه گرانبها چیده شده بودند. ندا با خودش فکرکرد که ای کاش میشد با خواندن وردی یا دعایی موجود نحیف را تنها برای ساعتی با لباسی به لطافت ابریشم زنده کرد تا بتواند برای آخرین و یا شاید اولین بار حلوای زعفرانی یا قطابهای با طعم هل را بچشد .

شمعهای سبز رنگ داخل شمعدانهای نقره در دو طرف سفره قرار داشتند. دختر جوانی به آرامی داخل جمعیت خزید و شمعها را روشن کرد. مراسم با سرو صدا آغاز و پایان یافت. زن روضه خوان به صندلی کنار شومینه تکیه داده بود. بعد از مراسم دعا و قبل از اینکه فرمان حمله به

خوردنیها توسط روضه خوان صادر شود ، زن میان سالی از همه خواست تا هر کدام پولی را برای امامزاده بپردازند. ندا هم می توانست بیست تومنی را به صندوق امامزاده ببخشد. ظرف قوطی شکل فلزی، دست به دست چرخید و چشمان ندا حرکات مواج ظرف را تعقیب می کرد. از قوطی بزرگ تا انبوه موهای شرابی رنگ زیر چادر حریر با گلهای برجسته مشکی تا غبغب زنی که گوشه سمت چپ سالن نشسته بود. از سینه ای پر از سینه ریز و زنجیرهای طلا تا گوشهایی که طاقت گوشواره های آویزان سنگین را نداشتند. اسکناسها به سبکی پر کاهی به داخل ظرف فلزی به پرواز در می آمدند و فریاد سکه های پول خرد در میان جیرینگ جیرینگ انبوه النگوهای طلا گم می شد. قوطی فلزی از جلوی چشمان ندا گذشت و دستش بیست تومنی چروکیده را فشرد. ....نه ، باید موجود نحیف را حداقل برای خودش جاودانه می کرد چون او همه دارایی اش را بخشیده بود. با خود اندیشید ....کسی چه می داند . شاید او هم روزی در خانه ای پر از مهر زندگی میکرد و با یک

حرکت طبیعت همه کس و همه چیزش را از دست داده بود. شاید حاصل عشقی زود گذر یک طرفه و نافرجام بود . شاید روزی نگاهی عاشق در پی اش میگشت . شاید ....شاید.....شاید................

ندا تمام آن روز را با این اندیشه گذراند. نیمه شب با شمعی روشن بر روی میز آلبومی را ورق میزد. درجای خالی بین دو عکس بیست تومنی کهنه را قرار داد. خسته بود و دلگیر. قطرات اشکش مثل صفرهای بی نهایت در کنار دو صفر عدد دو بیست تومنی کهنه چیده شدند.

لیاقت

آقای چاندری مردی سبزه روی با سری صاف بود. وقتی
وارد بنگاه معاملات ملکی شد. همه جلوی پایش بلند شدند.
بدون اینکه جواب سلام و احترام کارمندان را بدهد وارد
دفتر کارش شد . دفتر کارش مثل یک آکواریوم شیشه ای
بود که از آنجا می توانست تمام کارمندان را زیر نظر داشته
باشد. چرخی در دفتر کارش زد . تلفن همراه و سوئیچ
اتومبیلش را روی میز پرت کرد و برگشت به سالن کار
کارمندان . از تی کشیدن پسر آبدارچی ایراد گرفت.
عینکش را به چشمش زد و لکه کوچک به جا مانده از قهوه
روی میز را با انگشت نشان داد و از او خواست دیگر
هیچوقت نمی خواهد اینجور لکه ها را در محل کارش ببیند
. از دختر ایتالیایی جوانی که پیش پایش بلند شده بود

خواست که لباس رسمی بپوشد و به راننده لهستانی گفت دیگر هیچوقت دیر سر کارش حاضر نشود. حدود ساعت ده و ده دقیقه دقیقه صبح بود که اولین مراجعه کننده آمد. مردی هندی تبار که صاحب چند آپارتمان و منزل مسکونی بود. با توپی پر وارد دفتر کار آقای چاندری شد و او را محکوم به این کرد که حرفه ای عمل نمی کند. از آقای چاندری خواست که باید اجاره واحدهای مسکونی را سر موعد مقرر از مستاجرین بگیرد و در روز مقرر اجاره ها را به او بپردازد. آقای چاندری ضمن عذر خواهی بسته های اسکناس را از صندوق آهنین در آورد و با احترام و دو دستی تقدیم صاحب خانه هندی تبار کرد و او را تا دم در بدرقه کرد. بلافاصله بعد از او مرد جوان قد بلند و لاغری با موهای بلندی که خیلی مرتب از پشت بسته شده بود با چشمان درشت به رنگ آبی و بسیار مودب وارد بنگاه شد . مقابل میز آقای چاندری نشست و برایش توضیح داد که برای اجاره یک آپارتمان کوچک یک خوابه آمده و وقتی آقای چاندری از او پرسید چند نفر هستند در جواب گفت :

اوه بله من تنها نیستم . من با لوسی زندگی میکنم . آقای چاندری گفت بله متوجه هستم همسرتان . بچه هم دارید؟ مرد جوان که ماتئو نام داشت گفت: نه من زن و بچه ندارم . لوسی سگ کوچولوی دوست داشتنیه که با من زندگی میکنه. آقای چاندری جا خورد ولی خودش را زود جمع و جور کرد و گفت: متاسفانه شما نمی تونید با وجود داشتن سگ به راحتی مکانی برای اجاره پیدا کنید. ماتئو شروع به تعریف از سگش کرد که خیلی تمیز و آرومه ، امکان ندارد در خانه ادرار بکند ، بسیار حرف گوش کن است ، پر سرو صدا نیست ، جای زیادی نمیگیرد ، کاملا تربیت شده است و حتی سال گذشته در مسابقه سگهای باهوش که در جنوب لندن برگزار شده بود مقام اول را کسب کرد و تا به امروز مزاحمتی برای هیچکس نداشت.

اقای چاندری گفت: من یک اپارتمان کوچک و شیک به قیمت هزارو دویست پوند دارم و میتونم صاحبش را راضی کنم به قیمت هزارو صد و یا حتی هزار پوند برای شما اجاره

کنم . چون صاحبخانه قصد مهاجرت به استرالیا را دارد و تصمیم گرفته هر چه زودتر آپارتمانش را اجاره دهد. او برای ماتئو توضیح داد که اگر او راضی شود بدون سگش زندگی کند، صاحبخانه را حتی سالی یک بار هم نخواهد دید . ولی مرد جوان حاضر نبود بدون سگش زندگی کند. بعد از چند دقیقه ماتئو آرام از روی صندلی بلند شد و با لبخند گفت: من نمی فهمم چرا هیچ صاحبخانه ای از مستاجر با یک حیوان خانگی خوشش نمی آید و همانطور که به سگش در بیرون اشاره میکرد گفت. تورو خدا به آن موجود بی گناه نگاه کنید . او تا حالا آزاری برای هیچکس نداشته.

آقای چاندری سری تکان داد و عینکش را که روی میز بود را به چشمش زد و وانمود کرد مشغول انجام کار و بررسی دفتر روزانه اش است. مرد جوان خداحافظی آرامی کرد و از دفتر کار بیرون رفت.

نیم ساعت بعد دو دانشجوی جوان جویای مسکن وارد شدند. دختر ایتالیایی با حرکت دستش از آنها خواست که

بنشینند. اطلاعات اولیه مربوطه را روی فرم مخصوص یادداشت کرد . از قبیل نام ، نام خانوادگی، میزان پولی که می توانند صرف اجاره خانه بکنند ، آیا سیگاری هستند یا نه؟ شماره تلفن، آدرس منزل و پست الکترونیک ، محل تحصیل ، ملیت ، مشخصات اتاق یا آپارتمان مورد درخواست ، مدت زمان اجاره ، تاریخ دقیقی که برای شروع در محل جدید در نظر دارند ، آیا برای اجاره عجله دارند یا نه؟ آیا از بورس یا کمک هزینه تحصیلی استفاده میکنند؟ و حتی رشته تحصیلی شان را پرسید و بعد از همه این سوال و جوابها گفت که ما فعلا مکانی با پولی که در اختیار دارید نداریم و در صورتیکه مکان ارزانتری پیدا کردیم با شما تماس می گیریم . دانشجویان جوان نگاهی به هم کردند و با تشکر خداحافظی کردند.

ساعت یازده و پنج دقیقه صبح خانمی شیک پوش با پیراهنی که به نظر گران بها می آمد وارد بنگاه شد. ماتیک زرشکی خوش رنگی زده بود که دندانهای سفید و مرتبش

از پشت رنگ زرشکی توجه آدم را جلب میکرد. دختر ایتالیایی او را به دفتر کار آقای چاندری راهنمایی کرد. آقای چاندری لبخندی زد و برای احترام ایستاد و دوباره نشست. قراداد خرید منزل را با احترام خاصی جلوی خانم گذاشت و از او خواست تا روی چند برگه امضا بکند و قول داد که هر چه زودتر ترتیب تشریفات قانونی را با وکیل مربوطه برای انجام کارهای نهایی خرید انجام دهد. همانطوری که تکیه به صندلیش داده بود برای خانم شیک پوش توضیح داد که خانه بسیار شیک و مجللی است و مشتریان زیادی داشته ولی او به خاطر ارادتی که به خانم و همسر گرامیشون داشته این خانه را به آنها فروخته و توضیح داد که او نسبت به اموالش بسیار حساس است و حتی اگر روزی تصمیم به فروش آنها بگیرد حاضر نیست حتی در ازا قیمت دوبرابر به هر کسی بفروشد. ضمنا توضیح داد که مرد باید بخشی از اموالش را به نام همسرش کند تا از این طریق از همسرش قدردانی کرده باشد. خانم ضمن تائید حرفهای آقای چاندری نگاهی به برگه های خرید خانه انداخت و سپس از

دفتر کار بیرون رفت.

چهل و هفت دقیقه بعد مرد سیاه پوست خوشرویی وارد شد
و با آقای چاندری دست داد و با صدای بلند خطاب به آقای
چاندری گفت: سلام دوست من . همانطوری که خواسته
بودی اجاره شش ماه را پیشاپیش پرداختم البته زنم خیلی
دلخور شد چون مجبور شد گردنبند یادگاری مادرش و
انگشتر قدیمی خانوادگیش را بفروشه ولی خوب ، من به
قولم به شما عمل کردم و حالا آمدم تا اگر بشه برای دختر
دوستم اتاقی برای اجاره پیدا کنم. دختر مودبی است که در
حال حاضر در لندن زندگی میکند و هفته گذشته در
دانشگاه در این شهر قبول شده و به دنبال یک اتاق
دانشجویی با قیمت مناسب برای اجاره است. من به دوستم
گفتم که شما تعداد زیادی اتاق برای دانشجویان دارید
و.............قبل از اینکه حرفش تمام شود   آقای چاندری
صحبتش را قطع کرد و گفت : متاسفانه هیچ اتاقی برای او
نداریم و با گفتن خداحافظی مشغول انجام کارهای دیگر

شد. مرد سیاه پوست دوباره تکرار کرد که دختر مودب و درس خوانی است و..............اما آقای چاندری حرفش را قطع کرد و گفت که باید برای انجام قراردادی به بیرون برود و فعلا اتاقی برای اجاره ندارد.

در این فاصله ماتئو با سگش به پنج بنگاه دیگر رفت و هیچکدام از آنها نتوانستند مکانی برای او فراهم کنند. مرد جوان برای خودش ساندویج و نوشیدنی و یک بسته کوچک خوراکی هم برای لوسی سگش خرید . روی صندلی یک رستوران محلی کوچک نشست و بعد از صرف غذا دستی روی سر سگش کشید و با لبخندی خطاب به سگش گفت: نگران نباش ، به هر حال جایی برای زندگی پیدا می کنیم. نگاهی به آدمهای اطرافش و مردم در حال رفت و آمد انداخت و به یاد خانم مارگرت افتاد. صاحبخانه پیر و مهربانش که هفته پیش فوت کرده بود. خانم مارگرت پیره زن مرتب و خنده رویی بود. معمولا لباسهای رنگ روشن می پوشید. او نه تنها هیچ مشکلی با لوسی نداشت بلکه

واقعا او را دوست داشت. آنها اصلا شبیه مستاجر و صاحبخانه نبودند. وقتی ماتئو بیمار میشد خانم مارگرت برایش سوپ درست میکرد و وقتی خانم مارگرت غمگین بود ماتئو سعی میکرد با تعریف ماجراهای جالب محل کار و تحصیلش او را خوشحال کند. اوائل صبحانه و شام را در یک سینی می گذاشت و به اتاق ماتئو می برد اما بعد از مدتی از او خواست تا اگر تمایل دارد با هم غدا بخورند و هر روز در موقع صرف غذا چنان سرگرم صحبت در مورد اخبار و اتفاقات روزمره میشدند که به نظر می آمد مادر و پسری در کنار هم مشغول صرف غذا هستند. مارگرت دو پسر و یک دختر داشت که در تمام مدت سه سالی که ماتئو در آنجا زندگی میکرد حتی برای یک بار هم به دیدن مادرشان نیامده بودند. هر سه آنها در کشورهای دیگر زندگی میکردند. ماتئو آنها را از روی عکسهایشان می شناخت. اما خانم مارگرت آنها را دوست داشت و گاهی از خاطرات کودکی تحصیل نوجوانی و خوبیهایشان می گفت . وقتی خانم مارگرت دچار حمله قلبی شد این ماتئو بود که

آمبولانس را خبر کرد و در پشت در اتاق احیا قلبی منتظر
ماند و باز او بود که شماره فرزندان خانم مارگرت را از
دفترچه صورتی رنگ کنار تلفن پیدا کرد و خبر فوت
مادرشان را به آنها داد. ماتئو بود که تمام کارهای قانونی
تدفین را انجام داد و حتی اگر به اندازه کافی پول داشت
تمام هزینه ها را می پرداخت. در روز تدفین خانم مارگرت
ماتئو و سگش غمگین ترین افراد آن جمع بودند و شاید
وفادارترین . هر چند بعد از مراسم تدفین ماتئو از فرزندانش
خواست که به عنوان مستاجر در آن خانه بماند اما آنها
نپذیرفتند چون تصمیم داشتند خانه را فروخته و پولش را
تقسیم کنند. ماتئو با خودش فکر کرد که شاید بتواند
شماره تماس صاحبخانه ای که قصد مهاجرت به استرالیا
دارد را از آقای چاندری بگیرد و صحبتی با او داشته باشد. با
این فکر به آرامی به سمت دفتر آقای چاندری به راه افتاد.

در بنگاه املاک آقای چاندری رفت و آمدها هچنان جریان
داشت. در اواخر ساعت کاری حدود ساعت پنج و چهل و

پنج دقیقه بعد از ظهر زن جوانی وارد و به دفتر کار آقای چاندری رفت. آقای چاندری از جایش بلند شد و گفت: آه لارای عزیز لطفا بنشین . زن جوان که ناراحت به نظر می رسید از نشستن امتناع و شروع به صحبت کرد.

آقای چاندری من بارها از شما خواهش کردم که مستاجری برای اتاق طبقه بالا ی خانه ام پیدا کنید. شما می دانید که مدتی است که قرارداد کاریم تمام شده وبه پول اجاره اتاق نیاز دارم .

اوه عزیزم نیازی نیست من را با اسم فامیل صدا کنی . اصلا فقط بگو چقدر پول نیاز داری تا همین الان در اختیارت بگذارم.

لارا به شدت عصبانی شد و با صدای بلند جملاتی را نثار آقای چاندری کرد که باعث عصبانیت و برافروختگی اش شد ودر پایان گفت: من همین امروز به یک بنگاه دیگر خواهم رفت و حاضر نیستم حتی یک بار دیگر پایم را در این مکان بگذارم.

آقای چاندری که بسیار عصبانی بود با دستش اشاره به در خروج کرد و گفت: ما هم نیازی به زن هرزه ای مثل تو در این مکان نداریم.

لارا فریاد زد . هرزه؟ ، هرزه؟ ، به چه جراتی این حرف را میزنی؟ و با چشمانی اشکبار از دفتر خارج شد و در بیرون در، از داخل کیفش به دنبال دستمالی برای خشک کردن اشکش می گشت. در همین زمان ماتئو به همراه سگش به جلوی بنگاه رسیدند. ماتئو چند لحظه به لارا نگاه کرد و به آرامی دستمالی از جیبش در آورد و به او داد. لارا تشکر کوتاهی کرد و دستمال را از او گرفت.

باران نم نم شروع به باریدن میکرد. فروشگاههای بزرگ و کوچک بسته می شدند. آقای چاندری در حالیکه گوشی تلفن همراه به دستش بود از محل کارش خارج شد. ابتدا به همسر دومش گفت: که امشب حاضر نیست از بیرون غذا بخرد و از بس غذای بیرون خورده دچار مشگل گوارشی شده و بعد طی یک مکالمه تلفنی با زن سابقش گفت که

نمی تواند فقط به خاطر چند سال زندگی با او و داشتن دو فرزند از او هر ماه پول زیادی به حسابش بریزد و هرکسی باید خودش مشکلات مادیش را حل کند.

وقتی آقای چاندری در اتومبیلش نشست معده اش به سختی می سوخت. هر دو دستش را روی فرمان اتومبیل گذاشت و به رستوران کوچک رو به رویش نگاه کرد. لارا و ماتئو در حال صحبت و صرف نوشیدنی بودند . لوسی سگ کوچولوی ماتئو نگاه معصومش را به اطراف انداخته بود و لارا با دستش او را نوازش میکرد.

آقای چاندری زیر لب گفت: اگر با من راه می آمدی بهترین خانه و اتومبیل را در اختیارت می گذاشتم . لیاقت تو این است که با یک مرد بی خانمان و یک سگ کثیف زندگی کنی .

نگاه زیر آب

چقدر دلم می خواهد چشمهایم را ببندم و ببینم دارم تو خیابانهای تهران قدم میزنم. هر چند قدمی که برمی دارم سرم را به طرفت برمی گردانم و نگاهت میکنم و تو هم جواب نگاهم را تنها با یک نگاه و لبخند کوچولو میدی . دستم در دستهایت است و گاهی با انگشت شصتت کف دستم را قلقلک میدی و انگشتهامو تو دستهای مردونت می چرخونی . از سالن تئاتر که بیرون می آئیم ، هوا تاریک روشن شده . گرمای غروب تابستان به صورتم میخورد . از من می پرسی کجا بریم؟ میگم بریم دربند . تو راه رفتن به دربند سایه درختهای بلند خیابان ولی عصر می افتند روی شیشه ماشین و من با نگاه دنبالشون میکنم . از میدان تجریش به بعد را پیاده میریم . دست در دست هم . ماشینها ردیف از دو طرف چیده شدند و ما از لا به لای

جمعیت رد می شویم . از کنار مغازه ها و دکه های پر از خوراکی های رنگارنگ میگذریم . یک ظرف شاتوت برایم می خری و من مثل بچه ها با شوق و لبخند شروع به خوردنش میکنم . از سربالایی میگذریم و وارد رستوران کوچکی می شویم . با چشمهات دنبال جایی برای نشستن میگردی و من یواش آستینت را میکشم و روی یک تختی که با گلیمی رنگی پوشیده شده جا می گیریم . هنوز مشغول خوردن شاتوت هستم و تو کفشهایم را از پاهام در میاری . دستهات را روی شانه هام حلقه میکنی و به صورتم خیره میشی . انگشت شصت و اشاره ام قرمز شده بود. آرام همان انگشتهای قرمز را با دو تا شاتوت گذاشتی توی دهانت و محکم و با فشار نگه داشتی توی دهانت . چشمهات بسته بود و من دلم قنج میرفت و از ته دل می خندیدم . بعد که خنده ات گرفت و گفتی تا تو باشی که همه را تند و تند نخوری و یه تعارف هم به ما بکنی .

باد خنکی وزید و سردم شد و چقدر نگرانم بودی که سرما
نخورم . حالا همه این خاطرات از جلوی چشمهایم رژه
میروند . حالا هر شب استخری پر از آب را می بینم که
جسد زنی با لباس سیاه و صلیب وار روی آب میچرخد .
یادت هست از پائیز تا آخر بهار را درس میخوندی و
میگفتی که کار هم میکنی و هر وقت از تو می پرسیدم کجا
کار میکنی، موضوع صحبت را عوض میکردی . تا یک روز
که از طرف دانشکده برای بازدید از یک کارخانه سیمان
رفتیم . چهره کارگر آشنایی را دیدم که با سروصورت خاک
گرفته با سیمان کار میکرد. آره آن کارگر خاک گرفته عشق
من بود . میدانی بعد از آن روز برایم عزیزتر شدی؟ یادت
هست برای روز تولدم یک شال آبی با گلهای ریز زرد و سبز
گرفتی که چقدر دوستش داشتم . هنوز هم جز عزیزترین
اشیا زندگیم است و هر کجای دنیا که بروم آن را توی جعبه
کوچک چوبی ام دارم . آن روز را یادت میاد؟ وقتی تو
خیابان در حالیکه منتظرت بودم چند تا جوان مزاحم من
شدند. خیلی ترسیده بودم و تو مثل یک فرشته بداخلاق

نجاتم دادی و به خاطر من با آنها درگیر شدی . از من پرسیدی ترسیدی عزیزم؟ و قبل از اینکه جوابی بدم چشمهات به لبهای قرمزم افتاد . اخمی کردی و گفتی وقتی با این ریخت آن هم تنها میای بیرون خوب معلومه که مزاحمت میشوند و من چقدر بهم برخورد . تا چند تا کوچه آنطرف تر هم آن اخم کوچولوی شیرین توی چهرت بود. یادت هست مثل یک دختر کوچولو دستت را گرفته بودم و سرم پائین بود؟ خوب می خواستم خودم را برات خوشگل کنم دیگه. بغض گلویم را می فشرد و بعد که پشت میز یک مغازه کوچک نشستیم سرم مثل بچه ها پائین بود. آرام با دستت چونه ام را بالا گرفتی و خیره شدی به چشمهام . لبخندی زدی و گفتی چه خوشگل شدی و من که دلم می خواست یک دنیا برات ناز کنم اشکم در آمد. نگاهی به دو طرف کردی و پرسیدی . چی شده مگه قبل از آمدن من آن دو تا ولگرد چکارت کردن ؟ ها؟

هیچی

پس چرا گریه میکنی؟

تو همش اخم میکنی

آمدی کنارم نشستی و ارام با دستت اشکهامو پاک کردی و خندیدی . یعنی از این به بعد هر وقت بهت اخم کنم اشکت در میاد؟

چقدر شیرین بود آن لحظه ها. آن لحظه هایی که سرم را روی سینت میگذاشتم و تو آرام سرم را می بوسیدی.

این روزهای آخر پوست دستهات زبرتر شده بود و من که می دانستم به خاطر اثر سیمان است یک کرم دست برایت خریدم . یک روز وقتی آمدی خانه ما دیدنم . کمی از کرم را به دستهات زدم و آرام پوست دستهایت را با آن ماساژ دادم . من نگاهم به دستهات بود و یواشکی به قفسه سینه ات که آرام بالا و پائین میرفت و تو نگاهت به صورتم و بعد سرت را آوردی نزدیک من و گفتی: تو فرشته کوچولوی خودمی . میدونی خیلی دوستت دارم؟ کاش آن لحظه ها

دوباره تکرار میشد . ای کاش میشد گاهی زمان را متوقف کرد.

و وقتی درس و دانشگاهت تمام شد ، اما جنگ لعنتی تمام نشده بود و تو باید میرفتی . یادت هست اولین باری که قرار بود بری چقدر اشک ریختم و تو مرتب می خواستی من را بخندونی . طفلک تو که سعی میکردی همه را بخندانی . من ، مادرت ، پدرت ، برادرت ، خواهرت. یادت هست برای اینکه من را از نگرانی در بیاری چقدر از آینده حرف میزدی؟ به پهنای صورتم اشک میریختم و به جنگ لعنت می فرستادم . دستهات را گرفتی زیر چونه ام و پرسیدی . راستی تو هیچوقت فکر کردی باید اسم بچه هامون را چی بگذاریم؟ و من صدای هق هقم بلندتر میشد.

بسته دیگه عزیز دلم . کوچولوی شیرینم

تورو خدا نرو

میدونی که باید برم . حتی اگر نخوام باید برم

کاشکی همه ی واحدهای درسیت را نمیگذراندی . شاید جنگ تمام بشه و بعد بری سربازی.

تو رو چه کار کنم؟ چند سال می تونم همینطور عقد شده نگه ات دارم؟ دلم می خواد زودتر برگردم و بعد با هم زیر یک سقف باشیم . همه چی درست میشه.

اما همه چی درست نشد. بار اول که رفتی و بعد از سه ماه برگشتی . چقدر لاغر شده بودی . پوستت تیره تر شده بود و موهات را از ته زده بودی . کلاهت را برداشتم و با لبخند گذاشتم روی سرخودم. گفتی باید دوش بگیری و من با دو دست شانه هات را محکم کشیدم به طرف خودم و گونه هایت را بوسه باران کردم . زیر چشمی نگاهی به من کردی و حس کردم کنجکاوی بدانی که با این موهای کم، لباس سربازی و پوتینهای خاک گرفته هم دوستت دارم یا نه. معلومه که دوستت داشتم . هنوز هم بعد از سالها دوستت دارم.

دیدن تابوت تو حق من نبود. پوشیدن لباس سیاه قبل از لباس سفید هم حق من نبود. چرا باید آخرین دیدارم با تو از پشت شیشه و با فاصله میشد؟ چرا نگذاشتند برای آخرین بار با تو حرف بزنم؟ چرا باید اولین بار بدن عریانت را غرق خون می دیدم؟ از دور و با چشمان گریان نگاهت میکردم و دلم می خواست مثل عروسک دوران کودکیم تعمیرت کنم . همانطور که دست کنده شده ی عروسکم را دوباره وصل میکردم . دلم می خواست چشم راستت را که نیمه باز بود را برای همیشه باز کنم . همانطوری که چشم عروسکم را آرام با دست ، بازو بسته می کردم . دلم می خواست با پارچه ای سفید و مرطوب تمام خون را از بدنت پاک کنم و بگم من بالاخره تو را عریان دیدم و تو ندیده رفتی.

یادت هست وقتی بدنت را در گورت گذاشتند؟ خودم را روی بدن بی جانت انداختم و از دیگران خواستم روی هر

دوی ما خاک بریزند ، اما آنها من را بیرون کشیدند و به صورتم آب پاشیدند و خاک نپاشیدند. حسرت با تو بودن در گور توقع زیادی نبود. شاید برای همین هر شب همین کابوس را دارم . من با تو در گورمان هستیم و جمعیت سیاه پوش دور گور به جای خاک ، کاغذهای سفید کوچک را به سمت ما پرت می کنند و تو دیشب برای اولین بار پارچه سفید را از صورتت کنار زدی . باهمان چشمان کبود نیمه باز به من گفتی بخوان . گفتم چه بخوانم؟.........نوشته ها را بخوان.   نوشته های روی کاغذهای سفید را خواندم........گفتی بلند بخوان . بلند خواندم .

فقر

فحشا

دروغ

اعتیاد

طناب

چهارپایه

....

رویت را برگرداندی . وزش باد پارچه سفید را روی صورتت کشید. چهره ات غمگین شد . رویت را از من برگرداندی یا از کاغذهای سفید......نمیدانم .

راستی دیشب در خوابم زنده بودی . در استخری پراز آب شناور بودم . تو تماشایم میکردی . با حرکت دستانم به داخل آب دعوت شدی . گفتم می خواهم چهره ی همدیگر را زیر آب ببینیم اما شرطی دارم . زیر آب به هم نگاه کنیم و هر وقت چشمانم بسته شد هیچ حرکتی نکن . فقط به من نگاه کن . نفس گرفتیم و به زیر آب رفتیم . فقط به هم نگاه کردیم. نگاه زیر آب زیباست. اشکی اگر بلغزد از چشمی در زیر آب پنهان می ماند اما لبخند نه. در زیر آب تورا دوباره پیدا کردم . با همه وجود تورا حس کردم . تابوتت دور سرمان و روی آب شناور بود. شال آبی رنگم روی آب رها بود و گلهای زرد وسبزش می رقصیدند. چشمانم بسته

و بعد از چند لحظه باز شد. نگاهت هراسان و نگران بود اما قول داده بودی با بسته شدن چشمانم هیچ حرکتی نکنی و فقط نگاهم کنی .

خودم را به تو نزدیک کردم . سرم را روی شانه ات گذاشتم . اینبار برای به آغوش گرفتن من فقط یک دست داشتی . با

تو چه آرامم

با توچه آرامم

با تو چه آرامم .

اولین روز سال

اولین روز سال ۲۰۱۶ بود. خانه آنا مثل قصر کوچک و متروکی که هزاران سال رنگی از زندگی ندیده ساکت و خاموش بود. آنا در اتاق خودش و سه نفردیگر هر کدام در جای دیگر به خواب رفته بودند. رژین در اتاق دختر آنا و کریس و پژمان هم ، هر کدام روی مبلهای اتاق نشیمن خوابشون برده بود. زنگ تلفن در ساعت ۱۰:۱۱ صبح به صدا در آمد. انگار هر چهار نفر را از خواب خوش هزار ساله بیدار کرد. آنا با پیجامه آبی رنگ و موهای ژولیده و چشمان پف کرده به راهرو رفت و گوشی تلفن را برداشت. صدای مردی از آنطرف گفت: صبح به خیر مادام . من از اداره ی پلیس تماس می گیرم . آنا با تعجب پرسید: پلیس؟ پلیس؟

با شنیدن کلمه پلیس پژمان و رژین و کریس هم به راهرو آمدند و با تعجب و نگرانی به دوستشان نگاه کردند. صدا از آن طرف گفت بله خانم . می خواستم در مورد اتومبیل بنز سفیدرنگی که دیشب گم کرده بودید صحبت کنم . من صبح گزارش افسر کشیک دیشب را خواندم . فقط خواستم بگم که هنوزاز اتومبیل شما اثری پیدا نکردیم و به محض پیدا کردن اتومبیل فورا شما را در جریان میگذاریم. آنا بعد از گذاشتن گوشی تلفن سر جایش شروع به خنده کرد. از شدت خنده نمی توانست حرف بزند. دوستانش با تعجب به او نگاه می کردند. بعد از اینکه برای دوستانش حرفهای پلیس را تکرار کرد آنها هم به شدت خندیدند.

ماجرا از شب قبل شروع شده بود. شب سال نو بود و آنا و کریس از دوستانشان برای صرف شام دعوت کرده بودند. هر چهار نفر زیر نور کمرنگ اتاق نشیمن نشسته و چشم به تلوزیون دوخته بودند و گاهی صدای خرد شدن چیپسی در زیر دندان یکی از آنها سکوت را می شکست. اول فیلم

زیبایی را دیدند. فیلم با جمله زیبایی به این مضمون به پایان رسید: گاهی با سوار شدن به قطار اشتباهی به مقصد میرسیم.

بعد از فیلم هم کمی صحبت کردند و آنا در حالی که کنترل تلوزیون را در دست داشت از یک کانل به کانال دیگر رفت. تقریبا تمام برنامه ها مرتبط با سال نو بود و گاهی هم آگهی های تبلیغاتی . یکی از آگهی های نسبتا طولانی تصاویر کودکان جنگزده سوری و کرد را نشان میداد و از مردم می خواست با پرداخت فقط دو پوند در ماه به این کودکان کمک کنند. پژمان جرعه ای نوشید و گفت لعنت به هر چی دلال نفت و اسلحه. کریس که از سر شب گیج بود دستی به ریش کوتاه طلایی اش کشید و با چشمان ریزش نگاهی به پژمان کرد و به آرامی پرسید: چی؟ پژمان گفت هیچی. بعد کریس آرام گفت : بله داستان خاورمیانه خیلی غم انگیزه.

پزمان توجهی به او نداشت و در واقع گاهی با رژین به زبان کردی حرف میزد. بعد باز به رژین که ساکت در کنارش نشسته بود گفت: بی شرفها برای فروش اسلحه و حفظ قدرت چه کارها که نمی کنند. حالا هم مثل همیشه دست گذاشتند روی احساسات کردها. قبل از اینکه به هدفشان برسند اول خوب عوام را می پزند. جنگ راه می اندازند و بعد هم احتمالا می خواهند کشور کردستان بسازند. در این بین چند تا فیلم خوشگل هم می سازند . رژین پرسید راستی اون فیلم جدید را دیدی؟

پژمان گفت: آره یک فیلم قشنگ به زبان کردی با کلاههای آمریکایی و روسی روی سر هنرپیشه های نقش اصلی و آهنگ و ژست وسترن.

آنا گفت: شب سال نوهست. موافقید با هم بریم بیرون؟ موقع تحویل سال جدید بیرون و بامردم باشیم؟ همه موافق بودند. یک گشتی توی شهر زدند و بعد آنا پژوی قراضه سرمه ای رنگش را کنار یک رستوران کوچک محلی که

نزدیک خانه اش پارک کرد. سه دور چرخیدند تا توانستند در ورودی رستوران را پیدا کنند. چراغها روشن بود اما به نظر میرسید رستوران تعطیل است. فضای سال نو میلادی با سالهای قبل فرق داشت. به نسبت سالهای قبل کمتر صدای ترقه شنیده میشد و آتش بازی های پاریس لغو شده بود. درهای رستوران بسته بود و همه جا ساکت به نظر می رسید. در پشتی را زدند و مرد جوانی در را گشود و گفت: متاسفانه امشب فقط کسانی که از قبل میز رزرو کردند می توانند وارد رستوران شوند. آنا گفت میشه لطفا جولی را صدا کنید. بعد خانمی با پیش بند کوتاه مشکی در آستانه در ظاهر شد و مشتری هیشگی اش آنا را شناخت و آنها را به رستوران راهنمایی کرد. با ورودشان بیشتر افرادی که در رستوران بودند به طرف آنها برگشتند و نگاهی کردند. چهار نفر دور میز کوچک مربع شکلی جای گرفتند. فضای آرام و قشنگی بود پر از چراغهای رنگی و تزیینات کریسمسی . رژین و پژمان رو به روی هم نشسته بودند. کریس در سمت راست رژین و آنا در سمت چپش نشسته بودند. اول یک

ظرف پر از خامه و توت فرنگی که دورش کیکهای شکلاتی کوچک بود سفارش دادند و با نوشیدنی ها خوردند. دور اول پژمان برای همه نوشیدنی خرید و وقتی رژین خواست از جایش بلند شود پژمان دستش را روی شانه او گذاشت و از همه دعوت کرد برای دور دوم هم مهمانش باشند. هر چه بیشتر می نوشیدند فضا به نظر آرامتر و کندتر میشد و صداها مبهم تر. کریس فقط ساکت بود و گوش میکرد. دختر زیبایی با موهای بلوند از پشت پیشخان توجه همه را به خودش جلب کرد و از همه خواست تا در رافل پارتی شرکت کنند. کریس پرسید موافقید ما هم در بازی شرکت کنیم؟ همه با تکان دادن سر موافقت کردند. چند دقیقه بعد باچهار تکه کاغذ با تعدادی شماره بر روی آنها برگشت. رافل ، بازی رایجی در بریتانیاست. تعدادی جایزه روی میز گذاشته شده بودند. بعد چند شماره خوانده شد. اگر شماره های مورد نظر مشابه همانهایی بود که افراد در دست داشتند در واقع برنده بودند و جایزه ای به آنها تعلق میگرفت. قهرمانان داستان ما هیچکدام برنده نشدند.البته

هیچ اهمیتی به این موضوع ندادند. این فقط یک جور بازی و تفریح ساده بود و معمولا جایزه های نفیس و گرانقیمتی داخل بسته های کادو شده نمی گذاشتند . جمعیت داخل رستوران هیجان زده و صداها بلندتر شد . اینبار آنا برای خرید نوشینی از جایش بلند شد. حسابی گیج بود و با صدای بلند حرف میزد و ناگهان شروع به صحبت در مورد رییس سابقش کرد. میگفت من بالاخره انتقامم را از این زنیکه آشغال می گیرم . می خواهم بر علیه اش شکایت کنم، چون باعث شد من کار مورد علاقه ام را از دست بدهم و مشغول کاری بشوم که از آن متنفرم . سرو صدا و همهمه ی مردم و موسیقی در هم پیچیده بود و صداها خوب شنیده نمیشد.

رژین دو دستش را گذاشت دو طرف دهانش و با صدای بلند گفت : فایده نداره آنای عزیز. میدونی جواب آخر چیه؟

آنا گفت: نه چیه ؟

رژین گفت: آخرش میگن اگر راضی نیستید به کشورت لهستان برگرد.

کریس جرعه ای نوشید و گفت: واقعا متاسفم . همین.

آنا گفت: فقط بلده روزی صد بار بگوید متاسفم .

رژین به کریس گفت: دلخور نشو دوست عزیز. همسرت در حال عادی نیست.

بعد صداها در موسیقی شادی گم شد. بیشتر افراد حاضر در رستوران با صدای بلند آواز می خواندند و با موسیقی که پخش میشد همراهی می کردند.

رژین به اطرافش نگاه کرد. چقدر آدمها در این حال بی ریا و ساده و بی آزار بودند . فکر کرد که همین چند وقت پیش حتما آدمها ، در همین حال در بارهای پاریس با انفجار بمبها و چه بی گناه از دنیا رفتند. و بعد انگار کلمات شعر عراقی از جلوی چشمانش رژه رفتند.

به طواف کعبه رفتم ، به حرم رهم ندادند

که برون در چه کردی ؟ که درون کعبه آیی

به قمارخانه رفتم ،همه پاکباز دیدم

چو به صومعه رسیدم ، همه زاهد ریایی

در دیر میزدم من ، که یکی ز در در آمد

که درآ ، درآ ، عراقی ، که تو خاص از آن مایی

بعد پژمان نگاهی به رژین کرد و گفت: میدونی اگر آن زمان که نوجوان بودم میدانستم تو کجایی چه کار میکردم؟

رژین از آن طرف میز پرسید چه کار میکردی؟

پژمان گفت: از شهر خودمان اربیل تا شهر شما پاوه می دویدم تا تو را زودتر ببینم . بعد با حرکت دستش در هوا بوسه ای برای رژین فرستاد .

چند ثانیه بیشتر به ساعت دوازده شب نمانده بود . تلوزیون بزرگ رستوران ، اعداد را به صورت معکوس نشان می داد. همه با صدای بلند فریاد زدند۱۰ ،۹ ،۸ ،۷ ،۶ ،۵ ،۴ ،۳ ،۲ ،۱

و بعد همه دست زدند و فریاد شادی بلند شد همه همدیگر را در آغوش می کشیدد و می بوسیدند و سال نو را به هم تبریک می گفتند. حتی از روی میزهایشان بلند می شدند و برای هم در سال نو آرزوهای خوب می کردند. پژمان نگاهی به فضای اطرافش کرد وبعد به رژین که مقابلش نشسته بود نگاهی کرد وبه شوخی گفت: فقط امیدوارم آن آقای خوش تیپ میز بغلی که کنارت نشسته تورا نبوسد چون ممکنه از شدت حسادت دق کنم . هر دوخندیدند و این فضای شاد و آرام تا صبح ادامه داشت.

حدود ساعت دو صبح بود که چهار دوست از رستوران بیرون آمدند. تمام اطراف رستوران و کوچه ها و خیابانها را به دنبال اتومبیل آنا گشتند ولی اثری از آن نبود. آنا با پلیس تماس گرفت و خیلی جدی و کمی عصبانی در مرد مفقود شدن اتومبیلش توضیح داد. صدایی از اداره پلیس پرسید: مشخصت اتومبیل لطفا.

آنا گفت: بنز سفید به شماره.......کریس وسط حرفش پرید و گفت بگو دنده اتوماتیکه.

پلیس پرسید: آدرستون لطفا.

آنا گفت: شماره ۲۷ . خیابان چرچیل . رستوران اسب سفید .

بعد با هم به راه افتادند. رژین سرش را رو به آسمان کرد و گفت: هیچوقت اینقدر ستاره در آسمان انگلیس ندیده بودم . معمولا آسمان اینجا ستاره ندارد. برای دیدن آسمانی پر از ستاره باید یک شب به کویر ایران رفت.

آنا با دستش به آسمان اشاره کرد و گفت: ببین سه ستاره در کنار هم هستند. مثل ما سه نفر. بعد دستهای رژین و پژمان را گرفت و به راه رفتن ادامه دادند. بعد از چند دقیقه ایستاد و گفت: بیایید بپریم و ستاره هایمان را بگیریم . هر کدام از ستاره ها متعلق به یک نفر از ماست.

کریس گفت: من هم می خواهم بپرم و ستاره ام را بگیرم.

پژمان گفت: شما انگلیسی ها خیلی وقته که ستاره هایتان را چیدید.

بعد آنا و رژین و پژمان زیر آسمان سیاه رنگ می پریدند و می خندیدند تا ستاره هایشان را بگیرند. صدای خنده هایشان تمام فضا را پر کرده بود.

(این داستان در دسامبر سال ۲۰۱۵ میلادی نوشته شد)

پایان

Title: **Silence of Paris**

Author: **Afsaneh Jahanfar**

Cover Design: **Sahand Ashrafian**

ISBN: **978-1942912354**

Publisher: **Supreme Art**, USA